SALTO

Die schönsten Texte über Affen: Der lyrische Affe. Der Affe als Mörder und Tyrann. Der Affe als Liebhaber. Der gelehrte Affe. Der Mensch als Affe und der Affe als Mensch: Die Tatsache, daß der Affe dem Menschen so nahe steht, macht ihn als literarische Figur interessanter als andere Tiere.

In der abendländischen Literatur darf er in Fabeln und Märchen reden und vernünftig sein, bei Jean de La Fontaine und G. E. Lessing. Aber nicht immer muß er sich den Gesetzen der Vernunft beugen. Er ist auch ein wilder Liebhaber, bei Voltaire und Gustave Flaubert, oder gar ein brutaler Mörder und Tyrann, bei E. A. Poe und Robert Musil.

Als in der Verhaltensforschung in der Mitte unseres Jahrhunderts die prinzipielle Sprachfähigkeit von Affen festgestellt wird, bekommt der Affe auch in der Literatur eine neue Rolle. Ohne die sprechenden Schimpansinnen Washoe, Sarah und Lucy wären die Affenromane von Peter Høeg und Peter Goldsworthy nicht denkbar.

Anders steht es freilich mit dem äffischen Gelehrten-tum, von dem schon Wilhelm Hauff, E. T. A. Hoffmann und nicht zuletzt Franz Kafka zu berichten wußten: Dem aggressiven Affen wird das Bild des gezähmten Affen vorgehalten. Er wird dem Menschen immer ähnlicher. So weit, daß Friedrich Torbergs Tante Jolesch zu der unüberbietbaren Einsicht kommt: »Was ein Mann schöner is wie ein Aff, is ein Luxus.«

Affenmensch und Menschenaff

Geschichten und Gedichte

Herausgegeben
von Margit Knapp

Verlag Klaus Wagenbach   Berlin

Der lyrische Affe

Mörder und Tyrann

Affengeil

Affenmensch und Menschenaff
Mischwesen

Der sprechende Affe

Äffisches Gelehrtentum

Affenmensch
und Menschenaff

Der lyrische Affe

Der Affe und der Leopard
machten zur Messe viel Einnahme.
Jeder für sich besonders ward
zur Schau gestellt. »Ihr Herr'n, mein Vorzug und mein
Name«,
sprach dieser, »sind berühmt. Der König schaute
mich;
und wenn ich sterbe, wünscht er sich
'nen Muff von meinem Fell, weil es so bunt gescheckt
ist,
so schön getüpfelt und gefleckt ist
und ganz mit Streifen überdeckt ist.«
Wohl jedem, der es sah, gefiel das bunte Fell;
doch schnell war das vorbei, und man entfernt' sich
schnell.
Der Affe rief: »Zu mir, ihr Herren! Wollt ihr lachen?
Kommt, bitte, her; ich zeig' euch tausend närr'sche
Sachen.
Jene Buntscheckigkeit, die man euch preist so laut,
mein Nachbar Leopard hat sie nur auf der Haut,
ich habe sie im Geist. Eu'r Diener, Peter Gimpel,
Vetter und Schwiegersohn Bertrands,
weiland des Papstes Affenschwanz,
kommt eben mit dreifachem Wimpel
zu Kahn in eure Stadt; er will euch sprechen, gleich.
Er spricht, und man versteht's; er tanzt, macht
manchen Streich,
verrenkt aufs lustigste die Glieder,

durch Reifen springt er; und das alles – hört und wißt,
ihr Herrn – für einen Sou! Wer nicht befriedigt ist,
dem geben wir sein Geld dort an der Türe wieder!«
Der Affe hatte recht: 's ist nicht das Kleid zumeist,
des Mannigfaltigkeit gefällt, es ist der Geist.
Diese bringt stets Gewinn, und sie erfreut uns immer;
jene erregt bald Langweil' und Müdigkeit.
Ach, wie der Leopard, sehn große Herr'n fast nimmer
auf das Talent, nur auf das Kleid!

Auf den Tod eines Affen

Hier liegt er nun, der kleine, liebe Pavian,
Der uns so manches nachgetan!
Ich wette, was er itzt getan,
Tun wir ihm alle nach, dem lieben Pavian.

Grabschrift auf ebendenselben

Hier faulet Mimulus, ein Affe.
Und leider! leider! welch ein Affe!
So zahm, als in der Welt kein Affe;
So rein, als in der Welt kein Affe;
So keusch, als in der Welt kein Affe;
So ernst, als in der Welt kein Affe;
So ohne Falsch. O welch ein Affe!
Damit ich's kurz zusammen raffe:
Ein ganz originaler Affe.

Der Affe

I

Er zittert oben hoch auf dem Kamel
In einem roten Rock auf seinem Brette.
Er klettert schnell herab auf den Befehl
Und schleift am Fuße nach die dünne Kette.

Er hüpft auf einem Bein. Er schlägt behende
Das Tamburin und bläst auf der Schalmei.
Dann geht er ab den Kreis und streckt die Hände
Nach Pfennigen aus, und dankt wie ein Lakai.

In seinem Auge rollt ein Feuer, weiß
Kalt wie ein Frosch, und seine Stirn gerinnt
In viele Runzeln, wie ein Greis
Uralt, und wie ein neugebornes Kind.

II

Er hält der Schläfer und der Wagen Wacht
Und hockt auf einem Stein an der Chaussee.
Tief in ihm klopft das Rätsel, und die Nacht
Des Eingekerkerten, das dunkle Weh.

Es kratzt in ihm nach einer kleinen Pforte,
Er sieht sich um voll Angst und starrt herauf
Zum Kreis der Sterne, die dem dunklen Orte
Schwach leuchten, in der dumpfen Stunden Lauf.

Das dunkle Volk der flatternden Plejaden
Huscht wie ein Fledermäuse-Schwarm dahin.
Der Wagen zieht auf seinen dunklen Pfaden
Stumm fort und ohne Last seit Urbeginn.

Es staunt das Tier. Da kommt mit gelbem Hut
Der Mond gerannt und stolpert durch den Grund.
Da duckt es sich, und matt verrollt sein Blut
Gebunden wieder in den Adern rund.

Die Entwicklung der Menschheit

Einst haben die Kerls auf den Bäumen gehockt,
behaart und mit böser Visage.
Dann hat man sie aus dem Urwald gelockt
und die Welt asphaltiert und aufgestockt,
bis zur dreißigsten Etage.

Da saßen sie nun, den Flöhen entflohn,
in zentralgeheizten Räumen.
Da sitzen sie nun am Telefon.
Und es herrscht noch genau derselbe Ton
wie seinerzeit auf den Bäumen.

Sie hören weit. Sie sehen fern.
Sie sind mit dem Weltall in Fühlung.
Sie putzen die Zähne. Sie atmen modern.
Die Erde ist ein gebildeter Stern
mit sehr viel Wasserspülung.

Sie schießen die Briefschaften durch ein Rohr.
Sie jagen und züchten Mikroben.
Sie versehn die Natur mit allem Komfort.
Sie fliegen steil in den Himmel empor
und bleiben zwei Wochen oben.

Was ihre Verdauung übrigläßt,
das verarbeiten sie zu Watte.
Sie spalten Atome. Sie heilen Inzest.
Und sie stellen durch Stiluntersuchungen fest,
daß Cäsar Plattfüße hatte.

So haben sie mit dem Kopf und dem Mund
den Fortschritt der Menschheit geschaffen.
Doch davon mal abgesehen und
bei Lichte betrachtet sind sie im Grund
noch immer die alten Affen.

WILHELM BUSCH
Fipps der Affe

Pegasus, Du alter Renner,
Trag mich mal nach Afrika,
Alldieweil so schwarze Männer
Und so bunte Vögel da.

Kleider sind da wenig Sitte;
Höchstens trägt man einen Hut,
Auch wohl einen Schurz der Mitte;
Man ist schwarz und damit gut. –

Dann ist freilich jeder bange,
Selbst der Affengreis entfleucht,
Wenn die lange Brillenschlange
Zischend von der Palme kreucht.

Kröten fallen auf den Rücken,
Ängstlich wird das Bein bewegt;
Und der Strauß muß heftig drücken,
Bis das große Ei gelegt.

Krokodile weinen Tränen,
Geier sehen kreischend zu;
Sehr gemein sind die Hyänen;
Schäbig ist der Marabu.

Nur die Affen, voller Schnacken,
Haben Vor- und Hinterhand;
Emsig mümmeln ihre Backen;
Gerne hockt man beieinand.

Papa schaut in eine Stelle,
Onkel kratzt sich sehr geschwind,
Tante kann es grad so schnelle,
Mama untersucht das Kind.

Fipps – so wollen wir es nennen. –
Aber wie er sich betrug,
Wenn wir ihn genauer kennen,
Ach, das ist betrübt genug.

Selten zeigt er sich beständig,
Einmal hilft er aus der Not;
Anfangs ist er recht lebendig,
Und am Schlusse ist er tot.

Mörder und Tyrann

EDGAR ALLAN POE

Er kam über den Blitzableiter

Guter Mann«, sagte Dupin mit gütiger Stimme, »Sie
regen sich ganz unnötig auf, wahrhaftig! Wir gedenken
Ihnen absolut nichts Böses zuzufügen. Ich gebe Ihnen
mein Ehrenwort als Mann und als Franzose, daß wir
Ihnen in keiner Weise zu nahe treten wollen. Ich weiß
ganz bestimmt, daß Sie an den scheußlichen Verbrechen in der Rue Morgue unschuldig sind. Trotzdem
wäre es unnütz, abzuleugnen, daß Sie in gewissem
Sinne an denselben beteiligt gewesen sind. Aus dem,
was ich gesagt habe, können Sie erkennen, daß ich
Mittel habe, mich in unserer Angelegenheit zu infor-
mieren. Nun steht die Sache so: Sie haben nichts getan, was Sie hätten vermeiden können, ganz gewiß
nichts, was Sie schuldig macht. Sie haben nicht einmal
da einen Diebstahl ausgeführt, wo Sie ungestraft hätten stehlen können. Sie haben nichts zu verbergen und
keinen Grund zu irgendwelcher Heimlichkeit. Andererseits sind Sie aber als ehrenhafter Mensch verpflichtet, alles, was Sie wissen, zu gestehen; denn man hat
einen Unschuldigen für das Verbrechen, dessen Täter
Sie nennen können, eingekerkert.«

Während Dupin sprach, hatte der Matrose seine
Geistesgegenwart zum großen Teil wiedererlangt, die
ursprüngliche Zuversichtlichkeit seines Wesens war
jedoch dahin.

»So wahr mir Gott helfe«, sagte er nach einer kurzen Pause, »ich will Ihnen alles erzählen, was ich von
der Sache weiß, ich erwarte jedoch nicht, daß Sie mir

auch nur die Hälfte glauben – ich selbst müßte mich einen Narren nennen, wenn ich es täte. Und doch bin ich unschuldig und will alles sagen, was ich weiß, und sollte es mein Leben kosten.«

Was er erzählte, war im wesentlichen folgendes: Er hatte vor kurzer Zeit eine Reise nach dem Indischen Archipel gemacht. Eine Anzahl Matrosen landete in Borneo und machte eine Vergnügungstour ins Innere. Er hatte mit einem Gefährten den Orang-Utan gefangen. Der Gefährte starb, und das Tier fiel ihm als ausschließliches Besitztum zu. Nach großen Schwierigkeiten, die die unbezähmbare Wildheit der Bestie während der Heimreise verursachte, gelang es ihm endlich, den Orang-Utan sicher in seiner eigenen Wohnung in Paris unterzubringen, wo er ihn, um ihn der lästigen Neugierde der Nachbarn zu entziehen, sorgfältig einschloß, bis er sich von einer Fußwunde, die er sich durch einen Splitter auf dem Schiffe zugezogen hatte, geheilt sein würde und das Tier verkaufen könnte.

Als er in der Nacht oder vielmehr am Morgen des Mordes von einem Matrosenfest nach Hause zurückkehrte, fand er das Tier in seinem Schlafzimmer. Es war aus einer angrenzenden Kammer, in der er es sicher eingeschlossen glaubte, entflohen. Mit dem Rasiermesser in der Hand und vollständig eingeseift saß die Bestie vor dem Spiegel und versuchte, sich zu rasieren. Wahrscheinlich hatte sie vorher einmal ihren Herrn durch das Schlüsselloch bei dieser Tätigkeit beobachtet.

Entsetzt, die gefährliche Waffe im Besitze eines so wilden Tieres zu sehen, das vielleicht den fürchterlichsten Gebrauch von ihr machen konnte, wußte der Mann einige Augenblicke lang nicht, was er tun solle. Es war ihm jedoch bis jetzt stets gelungen, das Tier, selbst wenn es wütend geworden war, mit der Peitsche zur Ruhe zu bringen, und er nahm auch heute seine Zuflucht zu diesem Mittel. Kaum aber erblickte der Orang-Utan die Peitsche, so sprang er sofort durch die Zimmertür, die Treppe hinunter und von da durch ein unglücklicherweise offenstehendes Fenster auf die Straße.

Der Franzose folgte voller Verzweiflung. Der Affe hielt das Rasiermesser noch immer in der Hand und stand gelegentlich still, um sich nach seinem Verfolger umzusehen und auf ihn loszugestikulieren, bis ihn derselbe fast erreicht hatte. Dann machte er sich wieder davon. Die gefährliche Jagd dauerte eine ganze Weile. Die Straßen lagen vollständig menschenleer, da es erst drei Uhr morgens war. Als sie durch ein Gäßchen an der Rückseite der Rue Morgue jagten, wurde die Aufmerksamkeit des Flüchtlings durch ein Licht erregt, das aus dem offenen Fenster von Frau L'Espanayes Zimmer, im vierten Stock des Hauses, hervorschien. Der Affe stürzte auf das Haus zu, bemerkte den Blitzableiter, kletterte mit der seiner Gattung eigenen Behendigkeit an demselben hinauf, klammerte sich an den Fensterladen, der gegen die Mauer zurückgeschlagen war, und schwang sich mit dessen Hilfe direkt auf das Kopfende des Bettes.

Dies alles dauerte keine Minute. Den Fensterladen stieß der Orang-Utan, als er das Zimmer betreten hatte, wieder auf.

Der Matrose war sowohl erfreut als beunruhigt. Er hatte jetzt Hoffnung, das Tier wieder einzufangen, denn es konnte auf keine andere Weise als vermittels des Blitzableiters die Falle, in die es sich begeben hatte, wieder verlassen, so daß er es beim Herunterklettern auffangen konnte. Andererseits war aber Grund zu der Befürchtung vorhanden, es werde in dem Hause Unheil anstiften. Dieser Gedanke bestimmte den Mann zur weiteren Verfolgung des Flüchtlings. An einem Blitzableiter kann man ohne große Schwierigkeiten hinaufklettern, vor allem, wenn man Matrose

ist; doch als er bis zu der Höhe des Fensters gekommen war, konnte er nicht weiter; das Fenster lag weit nach links, und er vermochte sich nur so weit vorzubeugen, um einen Blick in das Innere des Zimmers zu werfen. Bei dem Anblick, der sich ihm jetzt darbot, stürzte er vor Entsetzen fast von seinem schwachen Halt hinab. Nun ertönte jenes gräßliche Geschrei durch die Nacht, das die Bewohner der Rue Morgue aus dem Schlafe aufgeschreckt hatte. Frau L'Espanaye und ihre Tochter waren, in ihre Nachtkleider gehüllt, anscheinend damit beschäftigt gewesen, irgendwelche Papiere in der schon erwähnten eisernen Kiste zu ordnen, die sie zu dem Zweck in die Mitte des Zimmers geschoben hatten. Sie war offen und ihr Inhalt lag auf dem Boden. Die Unglücklichen müssen mit dem Rücken gegen das Fenster gesessen haben, und nach der Zeit zu schließen, die zwischen dem Einsteigen des Untiers und dem ersten Schrei verstrich, hatten sie dasselbe nicht sogleich bemerkt. Das Zurückschlagen des Fensterladens hatten sie vielleicht dem Winde zugeschrieben.

Als der Matrose in das Zimmer blickte, hatte das riesige Tier Frau L'Espanaye, deren Flechten lose herabhingen, da sie wohl eben mit Kämmen fertig geworden war, an den Haaren gepackt und schwenkte das Rasiermesser vor dem Gesicht auf und ab, als wolle es die Bewegungen eines Barbiers nachahmen. Die Tochter lag bewegungslos auf dem Boden, sie war offenbar ohnmächtig. Das Geschrei und die Befreiungsversuche der alten Dame, während derer ihr das Haar aus dem Kopf gerissen wurde, verwandelten die wahrscheinlich ganz friedliche Absicht des Orang-Utans in wildeste Wut. Mit einem kräftigen Schwung seines muskulösen Armes trennte er den Kopf fast vollständig vom Rumpfe. Der Anblick des Blutes steigerte seine Wut noch: zähnefletschend stürzte er sich mit funkelnden Augen auf den Körper des Mädchens und grub seine entsetzlichen Krallen in dessen Kehle, bis es tot war. In diesem Moment richteten sich seine wilden, rollenden Augen auf das Kopfende des Bettes, über dem das schreckensbleiche Gesicht seines Herrn soeben sichtbar wurde. Die Wut des Tieres, das ohne Zweifel noch die gefürchtete Peitsche im Sinne hatte, verwandelte sich sofort in Furcht. Im Bewußtsein, Strafe verdient zu haben, schien es seine blutige Tat verbergen zu wollen, sprang in Todesangst und voller Aufregung im Zimmer hin und her, zerbrach Möbel oder warf sie um und riß die Betten aus der Bettstelle. Schließlich ergriff es den Leichnam der Tochter, um ihn so, wie man ihn gefunden, den Kamin hinaufzuzwängen – darauf den der alten Dame, den es eiligst kopfüber zum Fenster hinausschleuderte.

Als sich der Affe mit seiner verstümmelten Last dem Fenster näherte, fuhr der Matrose zu Tode erschrocken nach der Stange zurück, glitt mehr, als daß er kletterte, hinunter, eilte nach Hause und gab voll Entsetzen jede Bemühung um das Schicksal des Orang-Utans auf. Die Worte, welche die Leute auf der Treppe hörten, waren die Schreckens- und Entsetzensausbrüche des Franzosen, untermischt mit dem teuflischen Gekreisch der Bestie.

Ich habe kaum noch etwas hinzuzufügen. Der Orang-Utan muß gerade vor dem Aufbrechen der Zimmertür entflohen sein und das Fenster, nachdem er hindurchgeklettert war, hinter sich zugeschlagen haben. Schließlich wurde er von dem Eigentümer selbst wieder eingefangen und für eine hohe Summe an den Jardin des Plantes verkauft.

ROBERT MUSIL

Die Affeninsel

In der Villa Borghese in Rom steht ein hoher Baum
ohne Zweige und Rinde. Er ist so kahl wie ein Schädel,
den Sonne und Wasser blank geschält haben, und gelb
wie ein Skelett. Er steht ohne Wurzeln aufrecht und
ist tot, und wie ein Mast in den Zement einer ovalen
Insel gepflanzt, die so groß ist wie ein kleiner Fluß-
dampfer und durch einen glatt betonierten Graben
vom Königreich Italien getrennt wird. Dieser Graben
ist gerade so breit und an der Außenwand so tief, daß
ein Affe ihn weder durchklettern noch überspringen
kann. Von außen herein ginge es wohl; aber zurück
geht es nicht.

Der Stamm in der Mitte bietet sehr gute Griffe dar
und läßt sich, wie Touristen so etwas ausdrücken, flott
und genußfroh durchklettern. Oben aber laufen waag-
rechte, lange, starke Äste von ihm aus; und wenn man
Schuhe und Strümpfe auszöge und mit einwärts ge-
stellter Ferse die Sohlen fest an die Rundung des Astes
schmiegte und mit den voreinander greifenden Händen
auch recht fest zugriffe, müßte man gut an das Ende
eines dieser von der Sonne gewärmten langen Äste gelangen können, die sich über den grünen Straußfedern
der Pinienwipfel hinstrecken.

Diese wundervolle Insel wird von drei Familien
von verschiedener Mitgliederzahl bewohnt. Den
Baum bevölkern etwa fünfzehn sehnige, bewegliche
Burschen und Mädchen, die ungefähr die Größe

eines vierjährigen Kindes haben; am Fuße des Baumes aber lebt in dem einzigen Gebäude der Insel, einem Palast von Form und Größe einer Hundehütte, ein Ehepaar weit mächtigerer Affen mit einem ganz kleinen Sohne. Das ist das Königspaar der Insel und der Kronprinz. Nie kommt es vor, daß sich die Alten in der Ebene weit von ihm entfernen; wächterhaft regungslos sitzen sie rechts und links von ihm und blicken geradeaus an ihren Schnauzen vorbei ins Weite. Nur einmal in jeder Stunde erhebt sich der König und besteigt den Baum zu einem inspizierenden Rundgang. Langsam schreitet er dann die Äste entlang, und es scheint nicht, daß er bemerken will, wie ehrfürchtig und mißtrauisch alles zurückweicht und sich – um Hast und Aufsehen zu vermeiden – seitlings vor ihm herschiebt, bis das Ende des Astes kein Entweichen mehr zuläßt und nur ein lebensgefährlicher Absprung auf den harten Zement übrigbleibt. So schreitet der König, einen nach dem anderen, die Äste ab, und die gespannteste Aufmerksamkeit kann nicht unterscheiden, ob sein Gesicht dabei die Erfüllung einer Herrscherpflicht oder einer Terrainkur ausdrückt, bis alle Äste entleert sind und er wieder zurückkehrt. Auf dem Dache des Hauses sitzt inzwischen der Kronprinz allein, denn auch die Mutter entfernt sich merkwürdigerweise jedesmal zur gleichen Zeit, und durch seine dünnen, weit abstehenden Ohren scheint korallenrot die Sonne. Selten kann man etwas so Dummes und Klägliches dennoch von einer unsichtbaren Würde umwallt sehen wie diesen jungen Affen. Einer nach dem anderen kommen die zur Erde gejagten Baumaffen vorbei und könnten ihm den dünnen Hals mit einem Griff abdrehen, denn sie sind sehr mißmutig, aber sie machen einen Bogen um ihn und erweisen ihm alle Ehrerbietung und Scheu, die seiner Familie zukommt.

Es braucht längere Zeit, ehe man bemerkt, daß außer diesen ein geordnetes Leben führenden Wesen noch andere von der Insel beherbergt werden. Verdrängt von der Oberfläche und der Luft, lebt in dem Graben ein zahlreiches Volk kleiner Affen. Wenn sich einer von ihnen oben auf der Insel nur zeigt, wird er schon von den Baumaffen unter schmerzlichen Züchtigungen wieder in den Graben gescheucht.

Wenn das Mahl angerichtet wird, müssen sie scheu beiseite sitzen, und erst wenn alle satt sind und die meisten schon auf den Ästen ruhen, ist es ihnen erlaubt, sich zu den Küchenabfällen zu stehlen. Selbst das, was ihnen zugeworfen wird, dürfen sie nicht berühren. Denn es kommt oft vor, daß ein böser Bursche oder ein scherzhaftes Mädchen, obgleich sie blin-

zelnd Verdauungsbeschwernis heucheln, nur darauf warten, und vorsichtig von ihrem Ast heruntergleiten, sobald sie merken, daß die Kleinen es sich ungebührlich wohlergehen lassen. Schon huschen da die wenigen, die sich auf die Insel gewagt haben, schreiend in den Graben zurück; und mengen sich zwischen die anderen; und das Klagen hebt an: und jetzt drängt sich alles zusammen, so daß eine Fläche von Haar und Fleisch und irren, dunklen Augen sich an der abseitigen Wand emporhebt wie Wasser in einem geneigten Bottich. Der Verfolger geht aber nur den Rand entlang und schiebt die Woge von Entsetzen vor sich her. Da erheben sich die kleinen schwarzen Gesichter und werfen die Arme in die Höhe und strecken die Handflächen abwehrend vor den bösen fremden Blick, der vom Rande herabsieht. Und allmählich heftet dieser Blick sich an einem fest; der rückt vor und zurück, und fünf andere mit ihm, die noch nicht unterscheiden können, welcher das Ziel dieses langen Blickes ist; aber die weiche, vom Schreck gelähmte Menge läßt sie nicht vom Platze. Dann nagelt der lange gleichgültige Blick den zufälligen einen an; und nun wird es ganz unmöglich, sich so zu beherrschen, daß man weder zuviel noch zuwenig Angst zeigt: und von Augenblick zu Augenblick wächst die Verfehlung an, während sich ruhig eine Seele in eine andere bohrt, bis der Haß da ist, und der Sprung losschnellen kann, und ein Geschöpf ohne Halt und Scham unter Peinigungen wimmert. Mit befreitem Geschrei rasen da die anderen auseinander, den Graben entlang; sie flackern lichtlos durcheinander wie die besessenen Seelen im Fegefeuer, und sammeln sich freudig schnatternd an der entferntesten Stelle.

Wenn alles vorbei ist, steigt der Verfolger mit federnden Griffen den großen Baum hinan bis zum höchsten Ast, schreitet bis an dessen äußerstes Ende hinaus, setzt sich ruhig zurecht, und verharrt ernst, aufrecht und ewig lange, ohne sich zu regen. Der Strahl seines Blickes ruht auf den Wipfeln des Pincio und der Villa Borghese, quer darüber hin; und wo er die Gärten verläßt, liegt unter ihm die große gelbe Stadt, über der er, noch in die grüne, schimmernde Wolke der Baumwipfel gehüllt, achtlos in der Luft schwebt.

Ob die Affen einen Präsidenten haben? Und eine Reichswehr? Und Oberlandesgerichtsräte? Vielleicht hatten sie das alles, im fernen Gibraltar. Und nun sind sie eingegangen, weil man es ihnen weggenommen hat. Denn was ein richtiger Affe ist, der kann ohne so etwas nicht leben.

KURT TUCHOLSKY

»Affenkäfig«

Affengeil

Die Erzählungen aus den Tausendundein Nächten:
Die Geschichte von der Prinzessin
und dem Affen

Ein Sultan hatte eine Tochter; die hatte ihr Herz an
einen schwarzen Sklaven gehängt. Und dieser Schwarze nahm ihr das Mädchentum, und sie entbrannte in
solcher Lust, daß sie die Trennung von ihm nicht eine
Stunde ertragen konnte. Sie klagte ihre Not einer ihrer Kammerfrauen, und die tat ihr kund, kein Wesen
könne die Lust besser befriedigen als der Affe.[1] Nun
begab es sich eines Tages, daß ein Affenführer unter
ihrem Fenster mit einem großen Affen[2] vorbeikam. Da
entschleierte sie ihr Antlitz, blickte den Affen an und
winkte ihm mit den Augen zu; alsbald zerriß der Affe
seine Fesseln und Ketten und kletterte zu ihr empor.
Sie verbarg ihn bei sich, und er blieb Tag und Nacht
bei ihr, indem er aß und trank und ihr beiwohnte. Als
ihr Vater davon hörte, wollte er sie töten.

Doch sie erfuhr davon und verkleidete sich als Mam-
luk, bestieg ein Roß und nahm ein Maultier mit sich,
das sie mit unbeschreiblich viel Gold und anderen
Edelmetallen und Stoffen hatte beladen lassen. Sie
nahm aber auch den Affen mit sich und entfloh nach
der Stadt Kairo; in einem der Häuser am Rande der
Wüste ließ sie sich nieder. Nun kaufte sie jeden Tag
Fleisch bei einem jungen Fleischer; aber sie kam stets
erst nach Mittag zu ihm und war dabei von bleicher
Farbe und verstörtem Aussehen. Der junge Mann
sagte sich: »Mit diesem Mamluken muß es eine sonderbare Bewandtnis haben.« Und als sie dann wieder

wie gewöhnlich kam und das Fleisch holte, folgte er ihr, ohne daß sie ihn sehen konnte. »Ich ging« – so erzählte der Fleischer selbst – »immer unbemerkt hinter ihr her, von Ort zu Ort, bis sie zu ihrer Wohnstatt am Rande der Wüste kam und dort eintrat. Ich blickte von einer Seite zu ihr hinein, und da sah ich, wie sie, als sie sich zu Hause befand, das Feuer anzündete und das Fleisch kochte; dann aß sie, bis sie satt war, und setzte das übrige dem Affen vor, den sie bei sich hatte. Da aß auch er, bis er satt war. Dann legte sie die Kleider, die sie trug, ab und legte die prächtigsten Frauengewänder an, die sie besaß; so erfuhr ich, daß sie eine Frau war. Zuletzt holte sie Wein, trank davon und gab auch dem Affen zu trinken; und dann wohnte er ihr bei, wohl zehnmal, bis sie in Ohnmacht sank. Danach breitete er eine seidene Decke über sie und begab sich an seinen Platz. Nun ging ich mitten in das Haus hinein; als der Affe mich bemerkte, wollte er mich zerreißen, aber ich kam ihm mit einem Messer, das ich bei mir hatte, zuvor und schlitzte ihm den Leib auf. Da wachte die Prinzessin auf mit Furcht und Zittern, und als sie den Affen in solchem Zustande sah, schrie sie so laut, daß sie beinahe den Geist aufgab. Wiederum sank sie in Ohnmacht, und als sie dann zur Besinnung kam, sprach sie zu mir: ›Was hat dich zu solcher Tat getrieben? Um Allahs willen, laß mich ihm nachfolgen!‹ Ich aber sprach ihr lange gütig zu und verbürgte mich, ich wolle den Affen als Mann ersetzen, bis ihre Furcht sich schließlich legte; und dann nahm ich sie zum Weibe. Aber ich war zu schwach dazu, und ich konnte es nicht ertragen; so klagte ich meine Not einer Alten und erzählte ihr, wie es mit der Prinzessin stand. Die versprach mir sicher, sie wolle alles gutmachen, und sagte zu mir: ›Du mußt mir einen Kessel bringen, und den mußt du mit scharfem Essig füllen; und ferner mußt du ein Pfund Speichelwurz bringen.‹ Ich brachte ihr, was sie verlangt hatte; sie tat alles in den Kessel, setzte ihn aufs Feuer und ließ es gründlich kochen. Dann gebot sie mir, der Prinzessin beizuwohnen; und ich tat es, bis sie in Ohnmacht sank. Nun hob die Alte sie auf, ohne daß jene es merkte, und hielt ihren Schoß über die Öffnung des Kessels. Der Dampf stieg auf, bis er in ihren Leib drang, und da fiel aus ihrem Schoße etwas heraus. Ich sah genauer hin, und siehe da, es waren zwei Würmer, ein schwarzer und ein gelber. Die Alte aber sprach: ›Der eine ist durch die Lust mit dem Neger entstanden, der andere durch die Lust mit dem Affen.‹ Als die Prinzessin dann aus ihrer Ohnmacht wieder zu sich gekommen war, blieb sie eine lange Weile bei mir, ohne der Lust zu begehren; denn Allah hatte sie von jener Plage befreit. Darüber staunte ich, und ich tat ihr kund, was geschehen war.«

Danach blieb die Prinzessin bei dem jungen Manne im schönsten Leben und in reinster Wonne, nachdem sie die Alte an Mutters Statt zu sich genommen hatte. Und lange Zeit lebten die drei zusammen, sie, ihr Gemahl und die Alte, in Glück und Freude, bis Der zu ihnen kam, der die Freuden schweigen heißt und der die Freundesbande zerreißt. Preis sei Ihm, dem Lebendigen, der nimmer vergeht, und bei dem die Herrschaft auf Erden und im Himmel steht!

1 Der Affe galt und gilt im Morgenlande als eine Erscheinungsform des Teufels. Der Gedanke an Buhlschaft mit dem Teufel, die im Mittelalter bei uns den Hexen oft vorgeworfen wurde, spielt vielleicht in diese Geschichte hinein, zumal auch heute noch im Orient geglaubt wird, daß Dämonen mit sterblichen Frauen eine Ehe eingehen können.
2 In Kairo haben die umherziehenden Gaukler heute meist einen kleinen Affen und einen Ziegenbock.

*Candide trifft zwei Mädchen
und ihre Liebhaber*

Candide und sein Bedienter befanden sich jenseits
der Schlagbäume, und noch wußte niemand im Lager
vom Tod des deutschen Jesuiten. Der umsichtige Cacambo hatte es sich angelegen sein lassen, seinen Reise-
sack mit Brot, Schokolade, Schinken, Obst und eini-
gen Maß Wein zu füllen. Sie stießen mit ihren an-
dalusischen Pferden in ein unbekanntes Land vor, in
dem sie keine Straße zu entdecken vermochten. Schließlich zeigte sich ihnen eine schöne, von Bächen durch-
flossene Wiese. Unsere beiden Reisenden ließen ihre
Pferde grasen. Cacambo schlägt seinem Herrn vor,
etwas zu essen, und geht ihm mit gutem Beispiel voran. »Wie kannst du erwarten«, sagte Candide. »daß
ich Schinken esse, nachdem ich den Sohn des Herrn
Barons umgebracht habe und mich dazu verdammt
weiß, die schöne Kunigunde in meinem Leben nie wieder zu sehen? Was könnte es mir nützen, meine elenden Tage zu verlängern, da ich sie doch nun fern von
ihr in Reue und Verzweiflung dahinschleppen muß?
Und was wird das Journal de Trévoux darüber schreiben!«

Während er so sprach, aß er nichtsdestoweniger
weiter. Die Sonne begann zu sinken. Die beiden Ver-
irrten hörten einige schwache Schreie, die klangen,
als hätten Frauen sie ausgestoßen. Sie konnten nicht
erkennen, ob es sich um Schmerzens- oder Freuden-
schreie handelte; aber sie standen eilig mit jener Un-

ruhe und Furcht auf, die einem jeder Umstand in
einem unbekannten Land einflößt. Die Rufe stammten
von zwei völlig nackten Mädchen, die am Rande der
Wiese leichtfüßig dahineilten, während zwei Affen
sie verfolgten und in den Hintern bissen. Candide
wurde von Mitleid erfaßt; er hatte bei den Bulgaren
schießen gelernt und hätte in einem Gesträuch eine
Haselnuß treffen können, ohne dabei die Blätter zu
berühren. Er nimmt sein doppelläufiges spanisches Ge-
wehr, drückt ab und tötet die beiden Affen.

»Gott sei gelobt, mein lieber Cacambo! Ich habe
die beiden armen Wesen aus großer Gefahr gerettet;
wenn ich eine Sünde beging, indem ich einen Inquisi-
tor und einen Jesuiten umbrachte, so habe ich sie wohl
wiedergutgemacht, indem ich zwei Mädchen das Leben rettete. Vielleicht sind es zwei Fräulein von Stande,
und so könnte dieses Abenteuer hier zu unserem Vor-
teil ausschlagen.«

Er wollte weiterreden, aber das Wort erstarb ihm auf den Lippen, als er bemerkte, daß die beiden Mädchen die beiden Affen zärtlich umarmten, über ihren Leichen in Tränen ausbrachen und die Luft mit den schmerzlichsten Schreien erfüllten. »So viel Herzensgüte erwartete ich nicht«, sagte er schließlich zu Cacambo. Dieser entgegnete: »Herr, da habt Ihr ein Meisterwerk vollbracht; Ihr habt die Liebhaber dieser beiden Fräulein getötet.« – »Ihre Liebhaber! Ist es denn möglich? Ihr scherzt, Cacambo. Wie soll ich Euch glauben?« – »Lieber Herr«, erwiderte Cacambo, »immer versetzt Euch alles in Staunen. Warum findet Ihr es so merkwürdig, daß es in manchen Ländern Affen gibt, die die Gunst von Damen erlangen? Sie sind zu einem Viertel Menschen, wie ich zu einem Viertel Spanier bin.«

Wahrhaftig, jetzt sind wir den Menschen gleich. Gut, seien wir's – doch glaube mir, Bruder, dein Schwanz hängt hinter dir. Das ist so recht der Affen Manier.

RUDYARD KIPLING
»Wanderlied der Affenvölker«

PETER GOLDSWORTHY

Mein Abenteuer mit Wunsch

Nicht einmal die begabtesten Hände könnten richtig beschreiben, was in dieser Nacht noch geschah. Und was Worte angeht, da kann ich nur folgendes versprechen: Ich werde die Ereignisse weder beschönigen noch mit Euphemismen zudecken. Was nun folgt, ist der Kern der Geschichte – was folgt, *ist* im wesentlichen die Geschichte.

Ich lag auf meinem Bett und konnte nur noch an Wunsch denken. Ihre Nähe reizte mich gegen meinen Willen; ich verspürte wieder das Zittern meiner Erregung.

Ich stand auf und zog meinen Neoprenanzug an. Ich wollte die körperliche Tatsache nicht wahrhaben. Mit den Schwimmflossen auf der Schulter schlich ich auf Zehenspitzen die Treppe hinunter. Ich schlüpfte aus dem Haus und zwischen den Bäumen durch. Drei Pferde tranken am Rand des Teichs, sie nahmen vor dem schwerfälligen Wesen, das sich, ganz in schwarzes Gummi gekleidet, aus dem Wäldchen näherte, Reißaus. Ich watete mühsam durch das seichte Wasser, der weiche Schlamm saugte meine Flossen fest; endlich war ich tief genug und trieb befreit. Süßwasser trägt nicht so gut wie Salzwasser; ich trieb, bis zur Oberlippe versunken, und atmete nur mit Mühe, die Nasenlöcher wenige Millimeter über der spiegelglatten Oberfläche. Das eiskalte Wasser ließ meine halbe Erektion schrumpfen, aber meine Gedanken blieben erregt.

Von Liebe ganz zu schweigen.

Das Schwimmen entspannte mich nicht, weil das Wasser irgendwie zu nachgiebig war und mich nicht richtig trug. Nach einer halben Stunde watete ich wieder aus dem Teich hinaus, meine rechte Schwimmflosse blieb im Schlamm stecken. Ich spülte mir unter dem Gartenschlauch den Matsch von den Füßen ab, hängte den Neoprenanzug über das Geländer der Veranda und schlich zitternd ins Haus zurück, zog einen losen Jogginganzug an, schloß die Tür zu Wunschs Zimmer auf und öffnete sie. Wunsch schlief auf dem Bauch, den Kopf zur Wand gedreht, die Arme unter sich, den Hintern in der Luft. Clive glaubte, ihr Schlafrhythmus folge dem natürlichen Rhythmus von hell und dunkel. Die Fenster hatten keine Vorhänge, Wunschs schwarze Krepphaut war vom Mondschein silbern. Sie war selber zu einem Silberrücken geworden, würde es bleiben, bis der Mond unterging. Ihr Geruch – die vertraute süße Strenge – wurde überwältigend, während ich mich ihr näherte.

Als ich mich neben dem Bett hinkniete, drehte sie mir plötzlich den Kopf zu und sah mich an. Ich erschrak. Sie hatte nicht geschlafen. Abwartend sah sie mich an; ich war an der Reihe, etwas zu tun – etwas zu beweisen.

»Ich traurig. Komm zurück. Du fehlst mir.«

Worte oder Gebärden waren anscheinend nicht genug. Sie drehte den Kopf wieder zur Wand.

Ich streckte zögernd meine Hand zu ihr hinüber und streichelte leise den dunklen, verkrusteten Hügel ihrer Schulter; sie schüttelte meine Hand mühelos ab.

Ich stand auf, zog erst das Oberteil von meinem Trainingsanzug aus, dann die Hose, dann balancierte ich auf einem Fuß, versuchte, meine Unterhose abzustreifen, und kam mir plötzlich lächerlich vor. Sie drehte wegen meiner Geräusche den Kopf nach mir um, und diesmal wandte sie sich nicht wieder ab. Ich war vom Mondlicht umspült; ihre Blicke wanderten über meinen nackten Körper und hielten sich hier und dort auf, ihre Zurückhaltung war durch Neugier besiegt. Nach ein paar Momenten streckte sie einen langen Arm nach mir aus und streichelte leicht die Haare auf meiner Brust. Es schien sie zu beruhigen, eine andere Art menschliche Oberfläche gefunden zu haben, eine Oberfläche, die eher ihrer entsprach, wenn es auch nur ein paar symbolische Härchen waren. Sie ergriff meine Schulter und sah mich direkt an; ich spürte eine Welle der Liebe.

Sie verlagerte ihren Hintern ein bißchen, hob ihn höher, und ihr Geruch wehte zu mir herüber; nicht der normale Geruch von Spargelmoschus, sondern der rohe Geruch ihrer Brunst, ein heißer, universaler Frauengeruch. Ich wurde wieder hart. Ihre Augen ließen meine los, blickten hinunter, um dieses merkwürdige Wachsen zu beobachten. Diesmal wandte ich mich nicht ab. Ich stand mit dem Gesicht zum unverhängten Fenster am Bett, nur in Mondlicht gekleidet, vollständig erregt. Ich fühlte mich dieses eine Mal in meinem Leben schön: ein riesiger Mann, ein menschlicher Silberrücken in voller sexueller Brunst.

Eine Kindheitserinnerung: Als ich eines Morgens aus dem Bett kam, fand ich meine Eltern am Frühstückstisch kauernd, die Köpfe zusammengesteckt, über einen Zeitungsartikel kichernd. Ich schob neugierig meinen Kopf dazwischen, aber mein Vater blätterte schnell weiter und wechselte das Thema. Die Zeitung verschwand nach dem Frühstück und ward nicht mehr gesehen – »Tut mir leid, Süßmaul – Abfall eingewickelt.«

Ich kaufte die Zeitung auf dem Weg zur Schule am Kiosk, verbrachte den Morgen auf einem sandigen Strand im Wind und durchsuchte die großen, flatternden Blätter nach Hinweisen. Ich fand nur eine kurze

Nachricht über einen einsamen Farmer und sein Lieblingsschaf. Das Ganze schien mir eher bemitleidenswert als obszön. Das Schaf war nicht sein erstes. Er beklagte sich, daß er schon mehrfach »verwitwet« war. Die Gesetze über Sodomie müßten das Schicksal all derer in Betracht ziehen, die Tiere mit einer kurzen Lebenserwartung als Geliebte wählten. So viele Trauerfälle, schien er zu argumentieren, seien Strafe genug. Jahre später stieß ich beim Frisör in einer belanglosen Männerzeitschrift auf einen anderen Fall. Diesmal waren die Rollen vertauscht: Stripperin mit männlicher Dogge. Der Ton, den beide Artikel anschlugen, war eher amüsiert als ernst – was, so würde Clive mit Sicherheit argumentieren, den Tieren gegenüber ungerecht ist. Sie sind genauso Opfer wie jedes menschliche Opfer, ein Verbrechen gegen sie wiegt genauso schwer wie ein Verbrechen gegen einen Menschen.

Ich legte mich auf das Bett und umarmte Wunsch, aber unbeholfen, weil ich versuchte, sie nicht mit dem Unterleib zu berühren. Sie rollte plötzlich auf den Rücken und zog mich auf sich; der Zwang ihrer kräftigen Arme war sanft, aber unwiderstehlich. Zum erstenmal berührten sich unsere unteren Hälften. Ich gab meinen Widerstand auf. Ich wollte plötzlich in sie hinein – nicht wegen des Kitzels einer verbotenen sexuellen Handlung, sondern weil ich sie liebte. Und doch konnte ich in der Position irgendwie nicht in sie eindringen; unsere Arme und Beine schienen nicht zusammenzupassen, die Formen unserer Körper waren nicht aufeinander abgestimmt.

Vielleicht war es meine Ungeschicklichkeit; vielleicht war das letzte Mal zu lange her. Sie rollte sich wieder auf den Bauch und hob das Gesäß.

Das Wort dafür ist »bespringen«, häßlich, lieblos – veterinär. »Decken« ebenso. Nicht einmal die Gebärdensprache bietet da Abhilfe. Die verschiedenen Unterarten des Geschlechtsaktes sind in der Ameslan-Gestensprache einfach zweihändige Imitationen der angewendeten Position. Die linke Hand spielt die Rolle des einen Partners, die rechte die des anderen. Zeige- und Mittelfinger werden zu einem Paar Beine, die linke Hand kann die rechte von hinten oder von vorne oder mit dem Kopf zwischen den Beinen »bespringen«. Eine schöne Sprache manchmal, das auf jeden Fall; manchmal aber auch direkt und sparsam. Veränderungen der Position, Geschwindigkeit und Spannung können weitere Nuancen geben.

Nachher drehte sie sich zu mir, wir lagen im hellen Mondschein und hielten einander fest. Die Gehörlosen formen manchmal eine einhändige Gebärde zur Betonung mit beiden Händen, eine Art Schrei in Stereo. Während wir auf dem Bett lagen, ging Wunsch noch weiter, hob ihre Füße – diese längeren, flacheren Hände – in den Gebärdenraum zwischen uns. Alle vier Flachen-Hände bewegten sich abwechselnd von ihrem Kinn aus weg und entfalteten sich in die Du-Gebärde der Zeige-Hand.

Dank dir. Dank dir, dank dir, dank dir.

Ich sah erschüttert – betäubt – zu, während ihre Glieder sich immer wieder schweigend in dem mondhellen Zimmer bewegten. Ich hatte so etwas noch nie gesehen: ein Ausdruck von Liebe und Dankbarkeit, bizarr und aufregend. Das Schuldgefühl war vorerst verdrängt. Ihre vier Hände, die wie die Hände einer dieser dunklen Hindugottheiten winkten, schienen mir in dem Moment das Schönste zu sein, was ich je gesehen hatte.

PETER HØEG

Kribbler und Kribblerin

Madelene floh mit dem Affen nach Norden. In Richtung St. Francis Forest, zum Wildreservat von Lon-
dons Regent's Park Zoological Garden, Europas größ-
tem zoologischen Zucht- und Versuchszentrum.

Während ihrer Reise hatte Madelene Erasmus Eng-
lisch und Dänisch beigebracht. Der Affe lernte schnell,
nicht wie ein Kind lernt, denn Kinder lernen unter
dem großen Druck des Bedürfnisses, sich ausdrücken
zu können, sondern spielerisch und mühelos. Am sieb-
ten Tag zogen sie schweigend weiter, ohne Sprach-
unterricht, ohne Verhaltensbeobachtungen. Spät am
Nachmittag kamen sie über eine hohe Mauer, die aussah wie so viele andere und doch entscheidend anders
war. An einem Waldrand, über einer Grasebene, machten sie halt. Madelenes innerer Kompaß kreiselte wild
und richtungslos. Sie waren angekommen.

Über die Ebene kam ein grauer Felsblock auf sie zu-
gewandert.

»Der da«, fragte der Affe, »klettert Bäume?«

Madelene schüttelte den Kopf.

»Frißt Menschen?«

Madelene war am Rande einer Großstadt aufge-
wachsen und geriet kurz in Zweifel. Dann schüttelte
sie erneut den Kopf.

»Das ist ein Elefant«, erklärte sie.

Bei Einbruch der Dämmerung machten sie in einer
Astgabel ein Feuer und sahen es aufflammen und zu
Glut zusammensinken, wie Feuer das tun, wenn das

Holz trocken ist und auf einem halben Dutzend Feuer-
anzündern entfacht wird. Danach lehnten sie sich auf
den beiden Luftmatratzen, die auf einer ebenen, siche-
ren und bequemen Unterlage aus dicken Zweigen ruh-
ten, aneinander. Es war das pädagogische Dämmer-
stündchen.

Ihr Sprachstudium hatte, ohne daß sie sich selbst
ganz darüber im klaren waren, wie ihre Reise eine
ganz bestimmte Richtung genommen. Von den Perso-
nalpronomen waren sie in den Wald der sie umge-
benden Substantive vorgedrungen und hatten sich
danach in immer abstraktere Sprachbereiche hineinbe-
wegt, und gerade eben fiel Madelene auf, daß ihnen
noch etwas fehlte, etwas Wichtiges, bei dem sie in
einer Kreisbewegung jetzt ganz natürlich angelangt
waren. Es fehlte der Körper, der menschliche Körper.

Sie strich mit den Fingerspitzen über eine von Erasmus' Fußsohlen.

»Fuß«, sagte sie.

Das Tier zuckte, und beide lachten. Es war ein kleines, fast lautloses Lachen, so wie Menschen vor dem
Altar kichern, die letzte kleine Beklommenheit vor
dem Augenblick der Wahrheit.

Madelene ließ ihre Hand zum Knie des Affen hoch-
gleiten.

»Unterschenkel«, sagte sie.

Erasmus antwortete nicht. Sie legte ihre flache
Hand auf seinen Brustkorb und führte sie nach unten.
Der Körper des Tieres war unbeweglich. Doch gleich
unterhalb des Nabels kam ihr sein Geschlecht entgegen. Madelene nahm es in die Hand. Es war weiß und
zuerst fast unwirklich. Es hatte die Glätte von Eis oder
von kühler Luft an der Wange, und zugleich lag hinter
dieser flüchtigen Weiche eine substantielle Härte wie
von erhitztem Granit.

Madelene sah hoch. Sie legte die andere Hand an

das Gesicht des Affen und merkte, daß es sich genauso anfühlte. Die Haut war hell, ganz dünn, transparent. Unter und auf der Haut spürte sie die mikroskopischen, rasch wechselnden Stimmungswellen, das nadeldünne Blutgeäst der Kapillaren. Und unter dieser Zartheit verbarg sich etwas anderes, der Puls, die massive Unabweisbarkeit der Erregung.

Sie nickte zu dem Glied hin.

»Kribbler«, sagte sie.

Der Affe streckte einen Arm aus, legte die Rückseite der Hand an ihr Bein und schob sie vorsichtig unter ihr Kleid. Madelene spürte die Wärme seiner Hand in ihrem Schoß, aber er berührte sie nicht. Er sah sie fragend an.

»Kribblerin«, erklärte sie heiser.

Ohne den Blick des Tieres loszulassen, hob sie das Kleid, bis ihre Brüste frei waren, und langsam beugte sich der Affe vor, neigte den Kopf wie zu einem rituellen Gruß und nahm die Brustwarze zwischen die Zähne.

Er richtete sich auf, und sie sahen einander in die Augen, wie sich sonst keine Lebewesen ansehen. Dann faßte er mit Händen, die selbst in der tiefsten Dunkelheit zwischen Satinbettwäsche und merzerisierter Baumwolle unterscheiden konnten, ganz vorsichtig ihren Schlüpfer und zog ihn herunter. Madelene ließ sich zurücksinken, immer noch in Zeitlupe. Der Affe folgte ihrer Bewegung.

Sie küßten sich nur ganz flüchtig. Das Schmatzende und Familiäre, das ein Kuß haben kann, wäre hier ein Umweg gewesen. Madelene war sehr weich, sehr warm und sehr bereit, ihn zwischen den Beinen festzuhalten. Genau in diesem Augenblick hielt Erasmus inne, und eine Sekunde lang glaubte Madelene, es handele sich um ein Mißverständnis.

»Komm schon«, sagte sie.

Nichts passierte. Ungeduldig stützte sie sich auf die Ellbogen und sah den Affen an.

Die flackernde Glut und die tiefen Schatten machten es schwer, den Gesichtsausdruck des Affen genau zu entziffern. Trotzdem war für Madelene kein Zweifel möglich. Sie sah in seinen Augen nicht nur die Begierde, nicht nur das Wildtier, nicht nur die Naivität. Da war auch noch etwas anderes, der leichte Sadismus des Straßenjungen. Das Tier hatte nicht aus Versehen aufgehört. Es hielt sie hin.

Sie versuchte sich zu entziehen, natürlich versuchte sie sich zu entziehen. Sie wartete darauf, daß sich in ihrem Körper der Ekel breitmachte. Aber er kam nicht. Statt dessen kam etwas anderes, noch mehr Begierde, eine Forderung, unaufschiebbar, jenseits der Frage von Stolz und Kapitulation.

»Bitte, bitte«, sagte sie.

Erasmus drang mit einer Art hellhöriger Rücksichtslosigkeit in sie ein, auf dem goldenen Mittelweg zwischen Schmerz und Wollust, und gleichzeitig biß sie ihn ins Ohrläppchen, behutsam, aber gründlich, bis sie auf ihrer Zungenspitze die erste Andeutung des nach Eisen schmeckenden Bluts spürte und sich ihre Nase mit einem Duft füllte, einer Duftfläche, einem Duftkontinent aus Tier, Mann, Sternen, Holzglut, Luftmatratzen und verbranntem Gummi.

Affenmensch und Menschenaff
Mischwesen

1 Aufmerksamkeit   2 Erregung   3 Lachen   4 Feixen
5 Lächeln   6 Heulen   7 Angst   8 Schrecken   9 Ärger
10 Wutanfall   11 Abscheu   12 Erstaunen

GUSTAVE FLAUBERT
Djalioh

Der Tanz begann um zehn Uhr, und drinnen waren das Gleiten der Schuhe auf dem Parkett, das Rascheln der Kleider, das Geräusch der Musik, die Klänge des Tanzes zu hören; und draußen das Rauschen der Blät-ter, die Wagen, die in der Ferne über die feuchte Erde rollten, die Schwäne, die mit den Flügeln auf den Teich schlugen, das Gebell irgendeines Dorfhundes nach den Klängen, die vom Schloß her kamen, und dann ir-gendwelche naiven und spöttischen Plaudereien der Bauern, deren Köpfe durch die Scheiben des Salons auftauchten.

In einer Ecke war eine Gruppe junger Leute, Pauls Freunde, seine früheren Lustgefährten, in gelben oder azurenen Handschuhen, mit Lorgnons, Schwalben-schwanzfräcken, mittelalterlichen Köpfen und Bärten, wie sie Rembrandt und die ganze flämische Schule ‹nicht sah und niemals erträumte.

»Sag mir doch, um Himmels willen«, sagte einer von ihnen, Mitglied des Jockeyclubs, »was ist dieses runz-lige und faltige Altweibergesicht da hinter dem Sofa, wo deine Frau sitzt?«

»Das? Das ist Djalioh.«

»Was ist das, Djalioh?«

»Oh, das ist eine ganze Geschichte.«

»Erzähl sie uns«, sagte einer der jungen Leute, der die Haare glatt über die beiden Ohren gekämmt hatte und kurzsichtig war, »weil wir nicht wissen, womit wir uns amüsieren sollen.«

»Wenigstens mir Punsch?« antwortete lebhaft ein großer, magerer, blasser Herr mit vorstehenden Backenknochen.

»Was mich angeht, ich nehme keinen, und zwar mit Absicht ... er ist zu stark.«

»Zigarren?« sagte das Mitglied des Jockeyclubs.

»Pfui Zigarren! Wo denkst du hin, Ernest! In Gesellschaft von Frauen?«

»Im Gegenteil, sie sind verrückt danach, ich habe zehn Mätressen, die wie Dragoner qualmen, von denen zwei alleine alle meine Pfeifen angeraucht haben.«

»Ich habe eine, die hinreißend Kirsch trinkt.«

»Trinken wir!« sagte einer der Freunde, der weder Zigarren noch Punsch, noch Tanz, noch Musik mochte.

»Nein, Paul soll seine Geschichte erzählen.«

»Meine lieben Freunde, sie ist nicht lang – hier: Ich habe nämlich mit Monsieur Petterwell, einem meiner Freunde, einem Pflanzer in Brasilien, einen Ballen Virginia gegen Mirsa, eine seiner Sklavinnen, gewettet, daß Affen ... ja, daß man einen Affen aufziehen kann, das heißt, er hat behauptet, ich könnte nicht einen Affen als einen Menschen ausgeben.«

»Und? Djalioh ist ein Affe?«

»Idiot! So einfach ist es nicht!«

»Was also ...«

»Ich muß euch erklären, daß ich mich auf meiner Reise in Brasilien besonders amüsiert habe. Petterwell hatte eine schwarze Sklavin, die frisch vom alten Bahamakanal angekommen war – der Teufel soll mich holen, wenn ich mich noch an ihren Namen erinnere! – nun, diese Frau hatte keinen Mann, es konnte also niemand lächerlich gemacht werden, sie war sehr hübsch, ich kaufte sie Petterwell ab; aber die dumme Kuh wollte mich nicht, sie fand mich wahrscheinlich häßlicher als einen Wilden.«

Alle begannen zu lachen, Paul errötete.

»Nun, eines schönen Tages, als ich mich langweilte, kaufte ich einem Neger den schönsten Orang-Utan ab, den man jemals gesehen hat. Seit langem beschäftigte sich die Akademie der Wissenschaften mit der Lösung eines Problems: nämlich ob es einen Mischling aus einem Affen und einem Menschen geben könnte. Ich dagegen hatte mich an einer dummen Kuh von Negerin zu rächen, und so treffe ich eines Tages nach meiner Rückkehr von der Jagd meinen Affen, den ich mit der Sklavin in meinem Zimmer eingeschlossen hatte, auf und davon, die Sklavin in Tränen und ganz blutig von den Krallen Bells. Einige Wochen später litt sie unter Bauchweh und Übelkeit. Gut! Nun, fünf Monate später kotzte sie mehrere Tage lang; ich war meiner Sache fast sicher. Einmal hatte sie einen so heftigen Nervenanfall, daß man sie an allen vier Gliedern zur Ader ließ, denn ich wäre untröstlich gewesen, wenn sie jetzt gestorben wäre; kurz, nach sieben Monaten kam sie eines schönen Tages auf dem Misthaufen nieder. Sie starb einige Stunden danach, aber der Balg geriet großartig, und ich war, wie ihr euch vorstellen könnte, sehr zufrieden, die Frage war gelöst. Ich habe sofort dem Institut das Protokoll geschickt, und der Minister schickte mir, auf seine Bitte hin, das Ehrenkreuz.«

»Das hast du nun davon, mein lieber Paul, jetzt bist du in der Bredouille.«

»Du hast keine Ahnung, das gefällt den Frauen, sie betrachten es und lächeln, während man mit ihnen spricht. Nun, ich zog das Kind auf, ich liebte es wie ein Vater.«

»Oh, oh«, machte ein Herr mit weißen Zähnen, der immer lachte, »warum habt Ihr es dann nicht bei Euren anderen Reisen nach Frankreich mitgebracht?«

»Ich wollte es lieber bis zu meiner endgültigen Abreise in seiner Heimat bleiben lassen, um so mehr, als die Wette sein Alter auf sechzehn Jahre festgesetzt hatte, denn sie wurde im ersten Jahr meiner Ankunft in Rio de Janeiro geschlossen; kurz, ich habe Mirsa gewonnen, ich habe mit zwanzig Jahren das Ehrenkreuz erhalten, und dann habe ich auf ungewöhnliche Weise ein Kind gemacht.«

»Infernalisch! Dantesk!« sagte ein bleicher Freund.

»Ulkig! Drollig!« sagte ein anderer, der dicke Bakken und einen roten Teint hatte.

»Bravo!« sagte der Kavalier.

»Zum Totlachen!« sagte, sich vor Vergnügen auf einer elastischen Causeuse windend, ein Mann, der wie ein Karpfen hüpfte und zappelte, klein, kurz, mit niedriger Stirn, kleinen Augen, stumpfer Nase, schmalen Lippen, rund wie ein Apfel und pickelig wie eine Warzenmelone, »der Streich war famos und kam von einem Meister! Niemals hätte ein gewöhnlicher Mann so etwas gemacht.«

»Was macht er denn, Djalioh? Liebt er Zigarren?« sagte der Raucher, der mit beiden Händen welche hochhielt und dabei absichtlich welche auf die Knie einer Dame fallen ließ.

»Überhaupt nicht, mein Lieber, er verabscheut sie.«

»Jagt er?«

»Noch weniger, er hat Angst vor Gewehrschüssen.«

»Sicher arbeitet er, liest er, schreibt er den ganzen Tag?«

»Dazu müßte er erst einmal lesen und schreiben können.«

»Liebt er Pferde?« fragte der Konvaleszent.

»Ganz und gar nicht.«

»Es ist also ein träges Tier ohne Intelligenz. Liebt er das Geschlecht?«

»Einmal habe ich ihn zu Mädchen gebracht, und er ist weggelaufen und hat eine Rose und einen Spiegel mitgenommen.«

»Wirklich, dann ist er ein Idiot!« sagte die ganze Gesellschaft.

Und die Gruppe trennte sich, um Grimassen schneiden und Kratzfüße machen zu gehen vor den Damen, die ihrerseits in Abwesenheit der Tänzer gähnten und schöntaten.

Die Zeit schritt rasch voran beim Klang der Musik, die zwischen dem Tanz und den Frauen auf dem Teppich hüpfte; es schlug Mitternacht, als man galoppierte.

Djalioh saß seit Beginn des Balls auf einem Stuhl neben den Musikern; von Zeit zu Zeit verließ er seinen Platz und wechselte die Seite. Wenn irgend jemand vom Fest, fröhlich und sorglos, glücklich über den Lärm, zufrieden mit den Weinen, kurz, berauscht von dieser ganzen Kette von Frauen mit nackten Brüsten, lächelnden Lippen, süßen Blicken, ihn bemerkte, wurde er sofort blaß und traurig; deshalb störte seine Anwesenheit, und er wirkte da wie ein Gespenst oder wie ein Dämon.

Einmal setzten sich die Tänzer erschöpft hin, alles wurde stiller, man bot Orangeade an, und nur das Geräusch der Gläser auf den Tabletts unterbrach das allgemeine Stimmengewirr. Das Piano war offen, eine Violine lag darauf, ein Bogen daneben. Djalioh nahm das Instrument und drehte es mehrmals in seinen Händen, wie ein Kind es mit einem Spielzeug tut, er berührte den Bogen und spannte ihn so stark, daß er mehrmals beinahe zerbrochen wäre. Schließlich führte er die Violine zum Kinn; alles fing an zu lachen, so falsch, wunderlich und unzusammenhängend war die Musik; er sah alle diese Männer, alle diese Frauen, die krumm, gebeugt, ausgestreckt auf Bänken und Stühlen saßen, mit großen verdutzten Augen an; er begriff ihr ganzes Lachen nicht und diese plötzliche Heiterkeit; er spielte weiter.

Die Töne waren anfangs langsam und weich, der Bogen streifte die Saiten und strich vom Steg bis zu den Wirbeln über sie hin, fast ohne einen Ton hervorzubringen; dann belebte sich sein Kopf nach und nach, als er sich immer mehr auf das Holz der Violine senkte, er legte seine Stirn in Falten und schloß seine Augen, und der Bogen hüpfte in schnellen Sprüngen über die Saiten wie ein elastischer Ball; die Musik war abgehackt, voll gellender Noten, kreischender Schreie; man fühlte sich bei ihrem Klang wie unter der Last eines schrecklichen Drucks, als wenn alle diese Noten aus Blei gewesen wären und einem auf der Brust gelegen hätten.

Ich glaube an einen Gott, der mich
zum Affen seiner selbst erzeugte!

BOITO, VERDI
»Otello«

ERICH MÜHSAM
Die Affenschande

Und das, mein Lieber, ist mein letztes Wort«, schloß
Dr. Nelly Pritschke, indem sie den Arm von der Schulter des ausgestopften Gorillas löste und weit von sich
streckte, den Zeigefinger in der Richtung des Glas-
schrankes, der die toten Meerkatzen beherbergte, den
Blick aber, alle Strahlen des prismatischen Kneifer-
glases zu einem Wurfgeschoß zusammenballend, mit
eiserner Strenge mitten im verängstigten Faltengesicht
ihres Bräutigams Felix Klötschipper.

Jetzt wußte Felix, woran er war. Vierzehn Jahre waren sie verlobt, vierzehn Jahre, in denen Nellys zoologische Studien sein Vermögen und den Rest ihrer
weiblichen Jugend aufgezehrt hatten – und jetzt, da ihr
epochales Werk »Niwrad! Zurück zu den Affen!« die
Braut in den Stand setzte, eine Familie zu ernähren, ja,
ein amerikanischer Krösus, selbst ein begeisterter Af-
fenfreund und hingerissen von der umwälzenden
Theorie der Zoologin, ihr unbegrenzte Summen zur
praktischen Erprobung ihrer Behauptungen zur Verfü-
gung gestellt hatte; jetzt, da also der Eheschließung
keinerlei materielle Bedenken mehr im Wege standen
und die Heirat für ihn, der schon seiner Wirtin den
Zins nicht mehr zu zahlen wußte, zur gebieterischen
Notwendigkeit wurde – jetzt diese Bedingung!

Felix Klötschipper war von jeher ein sittenstrenger
Mann gewesen, und die vom Vater ererbten Mittel hat-
ten ihm erlaubt, ohne Ausübung eines Gewerbes dem
Beruf zu leben, die eigene Sittenstrenge anfeuernd

und beispielgebend unter seine Volks- und Zeitgenossen zu tragen. Es gab keinen Verein für keuschen Wandel oder gegen Schmutz und Schund, in dem Felix nicht Vorstands- oder gar Ehrenmitglied war, und wo irgend sich Gelegenheit bot, Anstoß zu nehmen – er nahm ihn.

Eines Tages aber – er stand im sechsunddreißigsten Lebensjahr – lernte er bei einem Vortrag über »Winke zur Veredlung der sinnlichen Triebe in der Tierwelt« die Kandidatin der Zoologie kennen, die ihm von der Vorsehung selbst gesandt schien, seinen Lebensweg fürderhin zu begleiten. Schon ihr Äußeres kam ihm wie eine stete Mahnung zu Keuschheit und Enthaltsamkeit vor, und als er dann erst ihren Geist bewundern gelernt hatte, der schon damals – sie war neunundzwanzig Jahre alt – mit der disziplinierten Energie dem Studium der menschenähnlichen Affen oblag, da wußte er: »Diese Frau oder keine! Nur sie wird meinem Wesen, meiner Natur wahres Verständnis entgegenbringen!«

Nelly verweigerte dem Bewerber um so weniger das Jawort, als ihr die gesicherte Lebenslage Felix Klötschippers die Erlangung des Doktorgrades und die Fortsetzung ihrer Studien gewährleistete, welche sie nunmehr auf die Erforschung der Familienbeziehungen hin spezialisierte, aus denen der Mensch in antediluvianischen Zeiten seine zoologische Unabhängigkeit vom Anthropoiden entwickelt hatte. Felix hatte Arme von erstaunlicher Länge, überdies ungeheure, weit abstehende und fächerartig ausgespreizte Ohrmuscheln, und seine Stirn- und Nackenbildung, die in weitem Abstand unter der breiten Knopfnase tief über den sehr großen Mund hängende Oberlippe, das mächtig vorgebaute Gebiß, der Gang und die Behaarung forderten die Gelehrte unausgesetzt zu vergleichenden Beobachtungen heraus.

Zwar dauerte es zwei volle Jahre ihrer Brautzeit, bis sie Felix bewegen konnte, diejenigen Untersuchungen an seinem Körper vornehmen zu lassen, die zur Feststellung von Ähnlichkeiten und Unterschieden etwa zwischen seiner Beckenbildung und fossilen Knochenresten erforderlich waren. Erst als er sich zuverlässig überzeugt hatte, daß seine künftige Gattin nicht entfernt von sinnlichen Begierden bewegt wurde, als sie beispielsweise seine Hinterseite nach den vermuteten Rückständen eines beweglichen Schwanzes zu erforschen begehrte, und als er nach einem eingehenden Blick auf die knochige Gestalt Nellys in sich die Gewißheit erhärtet hatte, daß keine fleischliche Anfechtung seine Sittenfestigkeit bei der Prozedur zu erschüttern drohte – erst da ließ er sich herbei, sich jeweils nur so weit, wie die Wissenschaft die Besichtigung unerläßlich machte, vor der Verlobten zu entblößen.

Es gelang Nelly, an ihrem Bräutigam Merkmale festzustellen, die ihn anatomisch in überraschende Nähe zu einer Gorilla-Art brachten, von der neuere Tropenreisende, die sie auf den Komoren angetroffen hatten, berichteten.

In dem zweibändigen Werk, in dem die Forscherin die Ergebnisse dieser Untersuchungen niederlegte, gab sie ausführlich Rechenschaft darüber, wie sie Felix methodisch mit allen bekannten Affensorten verglichen hatte, wie sie zuerst, veranlaßt durch gewisse Eigenschaften, die beim Kauen und andern unwillkürlichen Bewegungen zutage traten, Beobachtungen also sozusagen psychologischer Natur, eine Spur verfolgte, die zur Familie der Brüllaffen führte, bis sie dann doch zur Überzeugung kam, daß bei aller Verwandtschaft auch mit Pavianen und niederen Affen der anatomische Stammbaum zweifellos zu den sogenannten Menschenaffen führe, wobei schließlich nur Schimpanse und Gorilla als Urahn zur engeren Wahl blieben. Nelly Pritschke kam zu dem Schluß, daß keine der lebenden Affenarten unverändert die Charaktere der Menschenvorfahren in sich bewahrt habe. Doch glaubte sie – und hier bahnte sie der Wissenschaft einen neuen Weg zu praktischer Empirie –, daß durch geeignete Kreuzungsexperimente eine Rückzüchtung zu den Übergangsformen zwischen Menschen und Affen und damit eine Neuschaffung des diluvianischen Urmenschen sowohl, als auch des eigentlichen Stammaffen der Menschheit bewerkstelligt werden könne. Der Titel »Niwrad« ergab sich aus dieser Umkehrung der Entwicklungsreihe, die Darwin aufzeigte, von selbst.

Es kam jetzt nur noch darauf an, Expeditionen auszurüsten, um die notwendigen Versuche anzustellen. Die Mittel waren dank der Opferfreudigkeit des amerikanischen Enthusiasten bereit. Jedoch hatte Nellys hinreißender »Aufruf an die Menschheit«, in den ihr Werk ausklang, trotz zahlloser Angebote nicht die erhoffte Auswahl brauchbarer Rückzeugungs-Individuen gezeitigt. Sie hatte darin Männer und Frauen aller Rassen aufgefordert, sich unter Beifügung von Nacktfotografien und beglaubigtem Signalement, das alle nach dem Bertillonschen Meßverfahren feststellbaren polizeilichen Steckbriefeigenschaften nebst genauer Angabe der Weltanschauung umfassen müsse, »an die Front der Anatomie« zu stellen. Geeignete Bewerber und Bewerberinnen sollten je nach ihrer animalischen Struktur mit der für sie geeigneten Affenart zur Paarung vereinigt werden, und je nachdem, was auf dem Engagements-Kontrakt als Charakteristikum vermerkt war – »Gibbon«, »Orang-Utan«, »Schimpanse« und so weiter –, sollte der oder die Betreffende in die nach Kompanien eingeteilten Register eingeordnet werden. Der Aufruf schloß mit den markigen Worten: «Zurück zum Affen! Freiwillige vor!«

Obwohl sich unter den Hunderten von Bereiterklärungen aus allen Erdteilen, die in überwältigender Mehrzahl von Frauen und Mädchen höherer Altersgrade ausgingen, Prachtexemplare befanden, deren Affenähnlichkeit aus den Lichtbildern verblüffend in die Augen sprang, so ergaben doch bei genauerer Prüfung die Maße und Formen überall eine schon so weit vorgeschrittene zoologische Entwicklung zum ausgestalteten Menschen, daß sich Nelly eine erfolgreiche Rückbildung der Art von keinem der körungswilligen Pioniere ihrer Forschung versprechen konnte. Einzig Felix Klötschipper, ihr Verlobter, entsprach allen Anforderungen, und der Gedanke, er müsse Vater eines Gorillabastards jener neu entdeckten Komoren-Gattung werden, beschäftigte sie tagaus, tagein und verstärkte sich bei jedem Zusammensein mit dem Erwählten. Doch hatte sie noch nie gewagt, das Opfer von ihm zu verlangen, da sie fürchtete, ein solches Attentat auf seine sittlichen Grundsätze möchte ihn zu einer gänzlichen Lösung des Verhältnisses veranlassen und sie dadurch ihres einzigen produktiven Studienobjektes unwiederbringlich berauben.

Jetzt war er aber gekommen, um angesichts seiner bedrängten Lage auf die höchste Beschleunigung der ehelichen Verbindung zu dringen.

Wie er nun so dasaß, die niedrige Stirn in breite Falten gelegt, zusammengekauert, daß die Knie vor dem Brustkasten standen, die schier unnatürlich langen Arme an den Leib gepreßt und mit den vielgelenkigen Fingern in den wolligen Haaren wühlend, wie er die Zähne fletschte in seiner Angst und die Nüstern sich fast bis an die Backenknochen zur Seite bogen, während die Ohren schaukelten, da fühlte sich Nelly von ihrer Forscherleidenschaft unwiderstehlich ergriffen, da empfand sie, daß hier der Erfüller all ihrer Gelehrtensehnsucht sitze und daß es Frevel wäre, länger zu zögern und die Bedrängnis, die ihn ihr auslieferte, ungenutzt zu lassen.

Felix' Schreck, seine Verzweiflung war unbeschreiblich, als er die Bedingung erfuhr, deren Verweigerung den unwiderruflichen Abschied, deren Erfüllung die Hochzeit binnen vier Wochen mit anschließender gemeinsamer Reise zu den Komoren-Inseln bedeutete.

»Schande! Schande!« stöhnte Felix Klötschipper, »ja, Affenschande!« – Und seine Fingerknöchel staken aus dem Bartwulst hervor wie hölzerne Gardinennägel... Dann willigte er ein.

Die vegetarische Diät, zu der Felix Klötschipper infolge seiner zerrütteten Vermögensverhältnisse schon lange genötigt war, erleichterte die Vorkehrungen, die Dr. Nelly Pritschke zum guten Gelingen ihres Werkes für ratsam hielt. Es gelang ihr in so kurzer Zeit, ihn aller dem Zweck unzuträglichen Kost zu entwöhnen, daß er schon auf der Hochzeitsreise nur mehr Kokosnüsse zu sich nehmen mochte.

An Ort und Stelle hatte Nelly mit Hilfe des ihr von dem Dollarmillionär beigegebenen Stabes von Affenjägern, Turnlehrern, Architekten, Dolmetschern, Tierbändigern und Professoren bald genug alle Einrichtungen geschaffen, die dem Fortpflanzungsgeschäft ihres Gatten förderlich schienen. Die gesuchte Affenrasse wurde ermittelt; ein wohlgestaltetes Gorillaweibchen, das den Rufnahmen Justine erhielt, bekam in einem geräumigen, mit einer breiten Ottomane möblierten Käfig Quartier, und Felix Klötschipper lernte von einem nahe stehenden Baum aus an die Gitterstäbe anzuspringen und daran mit großer Gelenkigkeit herumzuturnen, so daß sich Justine an seinen Anblick gewöhnte und auch er selbst bald die Scheu verlor, sich in den für eine Äffin verführerischsten Stellungen mit

seinen langen Gliedmaßen vor der Mutter seiner er-
hofften Züchtung zu zeigen.

Die Absicht, den Inselbewohnern in Missionskur-
sen seinen Abscheu gegen Unzucht sowie Schmutz
und Schund in Wort und Bild einzuflößen, mußte
Felix aufgeben, weil ihn die Dolmetscher darüber auf-
klärten, daß ähnliche Versuche bereits früher unter-
nommen worden, aber an der leider bloß Heiterkeit
erregenden Wirkung, die sie erzielten, erbarmungslos
gescheitert seien. Durch diesen Verzicht auf die Ab-
lenkung seiner Gedanken von den possierlichen Ver-
suchen Justinens, vor dem Turner an ihren Käfigstäben
graziös zu kokettieren, geschah es, daß Felix Klötschipper allmählich ein nie gekanntes Gefühl in sich aufstei-
gen spürte, das ihn zu immer vollkommeneren turneri-
schen Leistungen anspornte und ihn auch in Stunden,
in denen er dazu nicht verpflichtet war, in die Nähe
des Gorillamädchens drängte. Nelly, seine Gemahlin,
die ihn scharf beobachtete, überraschte ihn sogar dabei, wie er sich über den Kopf weg mit der rechten
Hand die linke Backe kratzte, und bei ähnlichen unwillkürlichen Gesten, die die aufkeimende Sympathie
für Justine verrieten.

Es ist nie ermittelt worden, ob die Initiative schließlich von ihm oder von ihr ausgegangen war. Tatsache
ist, daß Felix im Affenkäfig bald ein und aus ging und
daß Justine genau neun Monate, nachdem sein Besuch
bei ihr zum ersten Male festgestellt werden konnte,
eines kräftigen Söhnchens genas.

Die Freude war allgemein und am größten bei Frau
Dr. Klötschipper-Pritschke, die den Kleinen mit Lupen
und Pinzetten von allen Seiten genau untersuchte,
aber zu keiner Lösung der Frage kommen konnte, ob
Körper und Gliedmaßen mehr Eigentümliches von Vater Felix oder von Mutter Justine erhalten hätten. Man
mußte abwarten, wie sich die Anlagen beim Wachs-

tum entwickeln würden. Das Gorilla-Menschchen erhielt den Namen Cyrill.

Nellys Studien erschöpften sich aber keineswegs in der Beobachtung der Beziehungen zwischen Felix und Justine und des Gedeihens ihres Kindes. Vielmehr betrieb sie die Wissenschaft, zu der sie daheim Fossilien und ausgestopfte Tiere benutzen mußte, hier mit Eifer an lebenden Geschöpfen. Häufig mußte Felix zu neuen Messungen erscheinen, die zugleich auch an einem männlichen Gorilla vorgenommen wurden, den zu einem friedfertigen und munteren Hausgenossen zu erziehen ihr in erstaunlich kurzer Zeit gelungen war.

Eines Tages unterbrach die Forscherin ihre Arbeiten. Sie legte sich ins Bett, und als sie wieder aufstand, sah sie schlanker aus als je zuvor und drückte ein nur undeutlich erkennbares kleines Wesen an die merkwürdig prall gewordene Brust. Felix, in dem die Erinnerung an seine Sittenstrenge lebendig aufwallte und der sich nicht vorwerfen konnte, den Dispens von seinen Ehemannsrechten je durchbrochen zu haben, murmelte »Affenschande!«, begab sich aber alsbald wieder zu seiner Justine. Nellys Töchterchen wurde Effie benannt.

Das Leben auf den Komoren verlief nun ziemlich regelmäßig. Die Zoologin setzte ihre Studien an ihrem Gatten und seiner Äffin, an ihrem Affen und den beiden bisherigen Erzeugnissen ihrer Forschungsmethode fort, ohne indessen der Gelehrtenwelt epochemachende Berichte zu geben. Dazu sollte erst erkannt werden können, welche Wege besonders die geistige Entfaltung Cyrills und Effies nehmen werden. Auch scheute sie sich, öffentlich zu bekennen, in welch nahe Familienbeziehungen ihr Gemahl und dann sie selbst zu den Objekten ihrer Theorie getreten war.

Der behagliche Friede, an den sich die vier zur Ehe gehörenden Individuen gewöhnt hatten, wurde jäh zerrissen. Eines Nachts erwachte Felix und fand das Lager neben sich leer, und in der gleichen Nacht erlebte Nelly dasselbe. Am Morgen standen die beiden verlassenen Gatten einander gegenüber, er mit der mutterlosen, sie mit der vaterlosen Waise an der Hand. Effies Vater war – kein Zweifel konnte bestehen – mit Justine auf und davon gegangen. Jetzt mochten sie wohl im Geäst eines Kokosnußbaumes drüben im Urwald schäkernde Kurzweil treiben, von der kein Züchtungsprodukt im Sinne von »Niwrad« zu erwarten stand.

Felix und Nelly Klötschipper hatten ihren Entschluß bald gefaßt. Der Gönner in Amerika erhielt Nachricht, daß die Forschungen an Ort und Stelle abgeschlossen seien und die Gelehrte zurückkreise, um die Ergebnisse daheim zu verarbeiten. Die Affenjäger, Turnlehrer, Architekten, Dolmetscher, Tierbändiger und Professoren wurden ausbezahlt und entlassen, und die beiden Kreuzungsfahrer bestiegen mit Cyrill und Effie ein Schiff und verließen die Komoren.

Die Rückkehr von der ausgedehnten Hochzeitsreise nach fast drei Jahren wurde von allen Freunden und Bekannten freudig gefeiert. Man bewunderte allgemein die reizenden Kinderchen, und lange wurde gestritten, wem der Junge und wem das Mädel am ähnlichsten sehe. Endlich entschied Tante Hildegard: »Aber Cyrillchen ist doch unsrer Nelly wie aus dem Gesicht geschnitten!«, und »Ganz die Mama!« riefen alle Verwandten und Freunde. »Und Effiechen«, sagte Tante Hildegard jubelnd, »ist doch der Felix, wie er leibt und lebt!« – »Ganz der Papa!« rief jetzt alles wie aus einem Munde.

Die Familie Klötschipper-Pritschke gewöhnte sich rasch in die heimischen Verhältnisse ein. Aber eine bemerkenswerte Folge der komorischen Erlebnisse machte sich bei dem alternden Ehepaar geltend. Felix erlitt plötzlich beim Anblick seiner Gattin Anfechtungen, wie er sie früher nie empfunden hatte, und auch Nelly sah den Gemahl mit andern Augen als denen der forschenden Zoologin. Nicht lange währte es, daß sie die Wandlung voreinander verborgen halten konnten; als es Frühling wurde, erwachten sie, eins in den Armen des andern, und der Mann schaute der Frau ins Auge und fand sie lieblich wie einst seine Justine, und die Frau lächelte dem Manne zu und fühlte das gleiche wie einst bei dem Vater ihrer Effie.

Die Kinder aber wuchsen heran, und alle bewunderten ihre Anmut und fanden sie den Eltern immer ähnlicher. Es zeigte sich, daß ihre geistige Entwicklung die Bahnen einschlug, die auf die menschliche Herkunft zurückführten, während die Gorilla-Gestaltung der Körper den Freunden und Nachbarn ohnehin nicht auffiel. Leider mußten aber grade darum Nellys Untersuchungen ihren Abschluß finden, ehe die Rückzüchtung zum Affen in die zweite Generation fortgesetzt werden konnte.

In Cyrill prägte sich, als er zum Jüngling heranwuchs, der sittenstrenge Charakter des Vaters in einem Maße aus, daß jede Hoffnung, er werde je sinnlichen Begierden verfallen und, sei es mit den Basen väterlicher- oder mütterlicherseits, Nachkommen erzeugen, gänzlich verloren war. Effie hingegen erbte Mutter Nellys Hang zu wissenschaftlichen Artstudien. Sie warf sich auf die Erforschung der menschlichen Reinrassigkeit. So blieb auch sie die letzte ihres Stammes. Denn, so intensiv sie auch nach einem ebenbürtigen Vater für ihre Kinder suchen mochte, sie fand keinen, der ihren Ansprüchen an Reinrassigkeit genügt hätte. Für die Vermischung ungleichen Blutes aber pflegte sie sich desselben Ausdrucks zu bedienen, den ihr Bruder stets gebrauchte, wenn ihm ein auch nur andeutender Hinweis auf geschlechtliche Verirrungen vor Augen

oder Ohren kam. »Das ist ja eine wahre Affenschande!« sagten sie beide in solchen Fällen.

Cyrill und Effie Klötschipper-Pritschke erreichten,
geliebt und geachtet von ihren Mitbürgern, in ihrem
jungfräulichen Stande ein hohes Lebensalter: er als
künstlerischer Beirat der staatlichen Sammlungen und
als Theaterzensor, sie als Abgeordnete der völkischen
Partei.

Der Gelehrte und der Gorilla

Die Türe, die zum Schwager führte, war verschlossen. Dr. Georges läutete. Man hörte einen wuchtig
schleppenden Schritt. Dann wurde es totenstill. Hinter
dem Guckloch erschien ein schwarzes Auge. Madame
legte den Finger an den Mund und grinste zärtlich.
Das Auge verharrte regungslos. Die beiden warteten
geduldig. Der Arzt bedauerte seine Höflichkeit und
den empfindlichen Zeitverlust. Plötzlich ging die Türe
lautlos auf. Ein angekleideter Gorilla trat vor, streckte
die langen Arme aus, legte sie auf die Schultern des
Arztes und begrüßte ihn in einer fremden Sprache.
Die Frau beachtete er nicht. Seine Gäste gingen ihm
nach. An einem runden Tisch hieß er sie Platz nehmen. Seine Gebärden waren roh, aber verständlich
und einladend. Über die Sprache zerbrach sich der
Arzt den Kopf. Am ehesten erinnerte sie ihn noch an
einen Negerdialekt. Der Gorilla holte seine Sekretärin.
Sie war notdürftig bekleidet und sichtlich verlegen.
Als sie sich gesetzt hatte, wies ihr Herr auf ein Bild an
der Wand und klatschte ihr eine über den Rücken. Sie
schmiegte sich frech an ihn an. Ihre Scheu verschwand.
Das Bild stellte die Vereinigung zweier affenartiger
Menschen dar. Madame hob sich und besah es aus verschiedenen Entfernungen, von allen möglichen Seiten.
Der Gorilla hielt den männlichen Besuch fest, er hatte
ihm wohl viel zu erklären. Georges war jedes Wort
neu. Nur eines begriff er: Das Paar am Tisch stand in
enger Verwandtschaft zu dem Paar auf dem Bild. Die

Sekretärin verstand ihren Herrn. Sie antwortete ihm in ähnlichen Worten. Er sprach stärker, mehr aus der Tiefe, hinter seinen Lauten lauerten Affekte. Sie warf manchmal ein französisches Wort hin, vielleicht um anzudeuten, was gemeint sei. »Sprechen Sie nicht Französisch?« fragte Georges. »Aber natürlich, mein Herr!« entgegnete sie heftig, »was denken Sie von mir? Ich bin Pariserin!« Sie überschüttete ihn mit einem eiligen Schwall von Worten, die schlecht ausgesprochen und noch schlechter zusammengefügt waren, wie wenn sie die Sprache schon halb verlernt hätte. Der Gorilla brüllte sie an, sofort schwieg sie. Seine Augen funkelten. Sie legte den Arm auf seine Brust. Da weinte er wie ein kleines Kind. »Er haßt die französische Sprache«, flüsterte sie zum Besuch. »Er arbeitet schon seit Jahren an einer eigenen. Er ist noch nicht ganz fertig.«

Madame hing beharrlich am Bild. Georges war ihr dankbar dafür. Ein Wort von ihr hätte ihn um seine Höflichkeit gebracht. Er selbst fand keines. Wenn der Gorilla nur wieder sprach! Vor diesem einen Wunsch verschwanden alle Gedanken an Zeitknappheit, Verpflichtungen, Frauen, Erfolge, als hätte er von Geburt an den Menschen oder Gorilla gesucht, der seine eigene Sprache besaß. Das Weinen fesselte ihn weniger. Plötzlich stand er auf und verbeugte sich tief und andächtig vor dem Gorilla. Französische Laute vermied er, doch drückte sein Gesicht die größte Hochachtung aus. Die Sekretärin nahm diese Anerkennung für ihren Herrn mit einem freundlichen Nicken entgegen. Da hörte der Gorilla zu weinen auf, verfiel in seine Sprache und erlaubte sich die alte Gewalttätigkeit. Jeder Silbe, die er hervorstieß, entsprach eine bestimmte Bewegung. Für Gegenstände schienen die Bezeichnungen zu wechseln. Das Bild meinte er hundertmal und nannte es jedesmal verschieden; die Namen hingen von der Gebärde ab, mit der er hinwies. Vom ganzen Körper erzeugt und begleitet, tönte kein Laut gleichgültig. Wenn er lachte, breitete er die Arme weit aus. Seine Stirn schien er am Hinterkopf zu tragen. Die Haare waren dort weggerieben, als führe er in den Stunden seiner schöpferischen Tätigkeit unaufhörlich darüber.

Plötzlich sprang er auf und warf sich mit Leidenschaft über den Boden. Georges bemerkte, daß dieser mit Erde belegt war, einer sicher sehr dicken Schicht. Die Sekretärin zerrte am Rock des Liegenden, er war ihr zu schwer. Flehentlich bat sie den Besuch um Hilfe. Sie sei eifersüchtig, sagte sie, so eifersüchtig! Zusammen hoben sie den Gorilla hoch. Kaum saß er, als er von seinem Erlebnis da unten zu erzählen begann. In wenigen gewaltigen Worten, die wie abgeschnittene lebende Baumstämme ins Zimmer geschleudert wurden, vernahm Georges ein mythisches Liebesabenteuer, das ihn bis zum tiefsten Zweifel an sich selbst erschütterte. Er sah sich als Wanze neben einem Menschen. Er fragte sich, wie er begreifen könne, was von tausend Klaftern tiefer kam, als er je hinabzusteigen gewagt hatte. Welche Anmaßung, mit einem solchen Geschöpf an einem Tisch zu sitzen, gesittet, gönnerhaft, an allen Poren der Seele von Fett und täglich frischem Fett verstopft, ein Halbmensch für den praktischen Gebrauch, ohne den Mut zum Sein, weil Sein in unserer Welt ein Anders-Sein bedeutet, eine Schablone für sich, eine aufgezogene Schneiderreklame, durch einen gnädigen Zufall in Bewegung oder in Ruhestand versetzt, je nach dem Zufall eben, ohne den leisesten Einfluß, ohne einen Funken Macht, immer dieselben leeren Sätze leiernd, immer aus gleicher Entfernung verstanden. Denn wo lebt der Normalmensch, der einen Nächsten bestimmt, verändert, gestaltet? Die Frauen, die Georges mit Liebe bestürmen und ihm zuliebe ihr Leben hergäben, besonders wenn er sie ge-

rade umarmt, sind nachher genau dasselbe, was sie
vorher waren, glattgepflegte Hauttierchen, mit Kosme-
tik oder Männern beschäftigt. Diese Sekretärin aber,
von Haus aus ein gewöhnliches Weib, nicht anders als
andere, ist unter dem mächtigen Willen des Gorillas
zu einem eigenartigen Wesen geworden: stärker, er-
regter, hingebender. Während er sein Abenteuer mit
der Erde besingt, packt sie die Unruhe. Sie wirft eifer-
süchtige Blicke und Bemerkungen in seine Erzählung,
rutscht hilflos auf ihrem Stuhl hin und her, zwickt ihn,
lächelt, streckt die Zunge; er beachtet sie nicht.

Madame findet am Bilde nicht mehr genug Vergnügen. Sie zwingt Georges aufzustehen. Zu ihrem Erstaunen verabschiedet er sich vom Schwager, als wäre der
ein Krösus, und von der Sekretärin, als hätte sie den
Trauschein des Krösus in der Tasche. »Er lebt von meinem Mann!« sagt sie draußen, falsche Meinungen haßt
sie, das unterschlagene Erbteil verschweigt sie. Der
zartfühlende Doktor bittet, den Irren behandeln zu
dürfen, aus wissenschaftlichem Interesse, zu seinem

Privatvergnügen, für das der Herr Gemahl natürlich keineswegs aufzukommen habe. Sie mißversteht ihn sogleich und stimmt unter einer Bedingung zu, ihrer Anwesenheit bei den Séancen. Da sie Schritte hört, vielleicht ist ihr Mann zurückgekehrt, sagte sie rasch: »Die Pläne des Herrn Doktors machen mich so neugierig!« Georges nimmt sie mit in Kauf. Als ein Überbleibsel aus dem alten schleppt er sie in sein neues Leben hinüber.

Einige Monate hindurch kam er täglich. Seine Bewunderung für den Gorilla wuchs von Besuch zu Besuch. Mit unendlicher Mühe erlernte er seine Sprache. Die Sekretärin half ihm nur wenig; wenn sie zu oft in ihr Französisch heimkehrte, kam sie sich verstoßen vor. Für den Verrat am Mann, dem sie bedingungslos anhing, verdiente sie Strafe. Um den Gorilla bei guter Laune zu erhalten, verzichtete Georges auf den Umweg über gleichgültig welche andere Sprache. Er gab sich wie ein Kind, dem man mit den Worten auch die Beziehungen der Dinge zueinander nahebringt. Hier waren die Beziehungen das Ursprüngliche, beide Zimmer und was sie enthielten, lösten sich in ein Kraftfeld von Affekten auf. Die Gegenstände hatten, darin behielt der erste Eindruck recht, keine eigentlichen Namen. Je nach der Empfindung, in der sie trieben, hießen sie. Ihr Gesicht wechselte für den Gorilla, der ein wildes, gespanntes, gewitterreiches Leben führte. Sein Leben ging auf sie über, sie hatten aktiven Teil daran. Er bevölkerte zwei Zimmer mit einer ganzen Welt. Er schuf, was er brauchte, und fand sich nach seinen sechs Tagen am siebenten darin zurecht. Statt zu ruhen, schenkte er der Schöpfung eine Sprache. Was um ihn war, entstammte ihm. Denn die Einrichtung, die er hier gefunden, und das Gerümpel, das man nach und nach zu ihm hinübergeschafft hatte, trug längst die Spuren seiner Wirkung. Den Fremden, der plötzlich auf seinem Planeten gelandet war, behandelte er mit Geduld. Rückfälle des Gastes in die Sprache einer überwundenen, blassen Zeit verzieh er, weil er selbst einmal zu den Menschen gehört hatte. Auch bemerkte er wohl, welche Fortschritte der Fremde machte. Anfangs weniger als sein Schatten, wuchs er zu einem ebenbürtigen Freund heran.

Georges war Gelehrter genug, um eine Abhandlung über die Sprache dieses Irren zu veröffentlichen. Auf die Psychologie der Laute fiel neues Licht. Heftig umstrittene Probleme der Wissenschaft löste ein Gorilla. Die Freundschaft mit ihm brachte Ruhm über einen jungen Arzt, der bisher nur Erfolg gekannt hatte. Aus Dankbarkeit beließ er ihn dort, wo es ihm gefiel. Er verzichtete auf einen Heilungsversuch. Die Fähigkeit, ihn von einem Gorilla in den betrogenen Bruder eines Bankiers zurückzuverwandeln, traute er sich, seit er sich seiner Sprache bemächtigt hatte, wohl zu. Doch er hütete sich vor einem Verbrechen, zu dem ihn nur das Gefühl einer über Nacht erworbenen Macht anreizte, und er ging zur Psychiatrie über, aus Bewunderung für die Großartigkeit der Irren, die er sich seinem Freund verwandt vorstellte, mit dem festen Vorsatz, von ihnen zu lernen und keinen zu heilen. Von der schönen Literatur hatte er genug.

Sie könnte sich einen Liebhaber halten, einen Bäcker, einen Fleischhacker, einen Schneider, irgendeinen Barbaren, irgendeinen Affen.

ELIAS CANETTI
»Die Blendung«

Der sprechende Affe

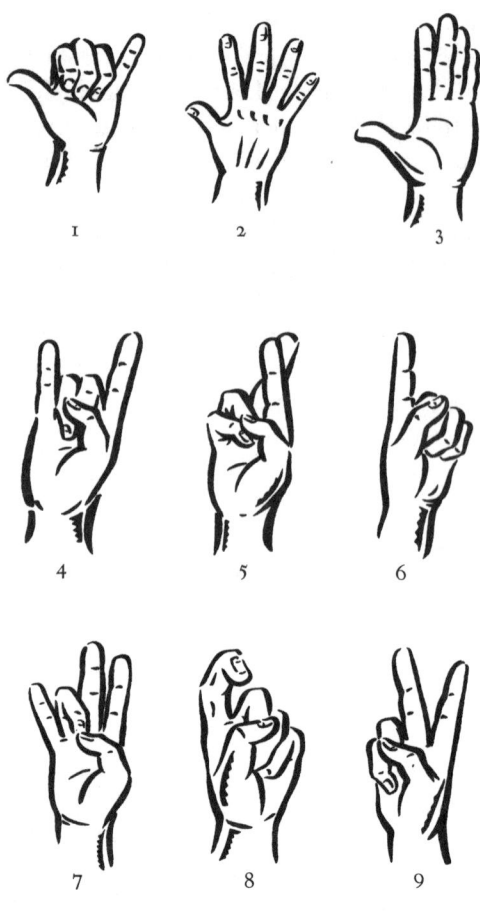

1 Ambivalent   2 Ausgebreitet   3 Flach   4 Tier
5 Wunsch   6 Zeigen   7 Merkwürdig   8 Haken   9 Zwei

Ngora!... Ngora!«

Der junge Eingeborene Llanga täuschte sich nicht. Das Wort traf sein Ohr ganz deutlich, und er erkannte auch eine eigentümliche Aussprache, eine Art Schnarrens, bei dem »r« in »Ngora«.

Ergriffen von dem schmerzlichen Ton des armen Wesens, faßte Llanga nach dessen Hand, die fieberhaft heiß war. Er füllte die Tasse mit frischem Wasser und versuchte, ihm einige Tropfen davon einzuflößen. Vergeblich. Die Kinnladen, die zwei Reihen blendend weißer Zähne zeigten, wichen nicht voneinander. Da befeuchtete Llanga ein Bäuschchen trockenes Gras und netzte dem Kleinen vorsichtig die Lippen, was diesem recht wohlzutun schien. Seine Hand drückte leise die, die ihn hielt, und noch einmal flüsterte er das Wort »Ngora«.

Eingeborene gebrauchen dieses kongolesische Wort, um den Begriff »Mutter« zu bezeichnen. Rief nun das kleine fremdartige Wesen wohl nach der seinen?...

Von Natur schon mitleidig, empfand Llanga noch eine Verdoppelung seiner Teilnahme bei dem Gedanken, daß dieses Wort vielleicht zum letzten Seufzer des armen Kleinen werden könne.

»Na«, fragte Max Huber lächelnd, »wie steht's denn mit deinem Affen?«

Llanga sah ihn ernst an, als zögere er zu antworten. Dann legte er aber die Hand auf Max Hubers Arm:

»Das ist kein Affe«, sagte er bestimmt.

»Wie?... Kein Affe?« wiederholte John Cort.

»Laß ihn! Unser Llanga hat sich nun einmal auf seine Ansicht versteift«, meinte Max Huber. »Nicht wahr, du bildest dir ein, es sei ein Kind wie du?«

»Ein Kind... nicht wie ich... aber doch ein Kind!«

»Überlege dir, Llanga«, fuhr John Cort in ernsterem Ton als sein Gefährte fort, »du behauptest, daß es ein Kind sei?...«

»Ja... er hatte gesprochen...«

»Er hat etwas gesprochen?«

»Gewiß... und eben jetzt wieder.«

»Und was sagte es denn, das kleine Wunderkind?« fragte Max Huber.

Er sagte leise » Ngora«...

»Wie, dasselbe Wort, das ich auch schon gehört habe?« rief John Cort, der seine Verwunderung nicht verbergen konnte.

»Jawohl... ›Ngora‹«, versicherte der junge Eingeborene.

Jetzt war nur zweierlei möglich: entweder war Llanga das Opfer einer Sinnestäuschung, oder er hatte den Verstand verloren.

»Das müssen wir untersuchen«, sagte John Cort, »und wenn es sich bestätigte, wäre es wenigstens etwas ganz Außergewöhnliches, lieber Max!«

Beide traten unter das Schutzdach und betrachteten den kleinen Schläfer.

Auf den ersten Blick hin hätte wohl jeder erklärt, daß dieser zum Geschlechte der Affen gehöre. John Cort bemerkte aber bald, daß er hier keinen Vierhänder, sondern einen Zweihänder vor sich hatte. Nach Blumenbachs allgemein angenommener Einteilung des Tierreichs weiß man aber, daß ganz allein der Mensch zur Ordnung der Zweihänder gehört. Dieses merkwürdige Geschöpf besaß nun bloß zwei Hände, während die Affen ohne Ausnahme deren vier haben, auch seine Füße schienen zum Gehen eingerichtet und nicht zum Greifen, wie die aller Affentypen.

John Cort wies Max Huber auf diese Unterscheidungszeichen hin.

»Merkwürdig ... sehr merkwürdig!« sagte der Franzose.

Die Körperlänge des kleinen Wesens überstieg kaum fünfundsiebzig Zentimeter. Es schien noch sehr jung, höchstens im fünften oder sechsten Lebensjahre zu sein. Seine Haut trug keine eigentliche Behaarung, sondern nur einen leichten Flaum. Auch Stirn, Kinn und Wangen waren frei von jedem Haarwuchs, der sich nur auf der Brust und den Ober- und Unterschenkeln zeigte. Seine Ohren gingen in einen runden, weichen Hautanhang aus, abweichend von den Affen, die keine Ohrläppchen haben. Die Arme erschienen nicht übermäßig lang. Die Natur hatte es auch nicht mit einem »fünften Gliede« ausgestattet, wie die meisten Affen, mit einem Schwanze, der diesen zum Tasten und Festhalten dient. Sein mehr rundlicher Kopf zeigte einen Gesichtswinkel von ziemlich achtzig Grad, die Nase war stumpf, die Stirn wenig abfallend. Den Schädel bedeckten keine schlichten Haare, sondern eine Art Vlies, gleich dem der Eingeborenen Zentralafrikas. Offenbar wies an ihm alles, der äußeren Erscheinung und jedenfalls auch dem inneren Körperbau nach, weit mehr auf einen Menschen als auf einen Affen hin.

Leicht wird man sich das Erstaunen vorstellen können, das Max Huber und John Cort erfüllte, als sie sich hier einem völlig neuen Wesen gegenübersahen, das noch kein Anthropologe beobachtet hatte und das die Mitte zwischen dem Menschen und dem Tier zu halten schien.

Ferner hatte Llanga versichert, daß der Kleine gesprochen habe, wenn das nicht darauf hinauskam, daß der junge Eingeborene für artikulierte Laute gehalten hatte, was nur ein Schrei gewesen war, der keinerlei Gedanken ausdrückte, nur ein Schrei, der vom Instinkt, nicht von der Intelligenz eingegeben war.

Die beiden Freunde standen schweigend beieinander und warteten, daß der Mund des Kleinen sich nochmals auftun sollte, während Llanga diesem zärtlich Stirn und Schläfen wärmte. Endlich bewegten sich schwach die blutlosen Lippen.

» Ngora!... Ngora!« kam es klagend hervor.

»Sapperment«, stieß Max Huber hervor, »das geht einem doch über den Verstand!«

Weder der eine noch der andere wollte glauben, was sie eben gehört hatten.

Wie, mochte dieses Geschöpf, das sicherlich nicht auf der höchsten Stufe des Tierreichs stand, sein, was es wollte ... es besaß doch die Gabe des Wortes! Hatte es bisher auch nur jenes einzige Wort der kongolesischen Sprache vernehmen lassen, so war doch nicht ausgeschlossen, daß es auch noch andere kannte, daß es eines Gedankens fähig war, dem es Ausdruck zu verleihen vermochte!

Bedauerlich blieb es vorläufig nur, daß es die Augen nicht aufschlug, den Spiegel der Seele, in dem man so vieles erkennen kann. Die Lider blieben jedoch geschlossen, und nichts deutete darauf hin, daß sie sich bald öffnen sollten.

Über den Kleinen niedergebeugt, harrte John Cort gespannt auf jedes Wort, auf jeden Schrei, der ihm entschlüpfen könnte. Er hob seinen Kopf etwas empor, ohne daß der Kleine aufwachte, wie groß war aber seine Überraschung, als er entdeckte, daß eine Schnur um dessen Hals gewunden war.

Er ließ diese Schnur aus Seidenfäden durch die Finger gleiten, um den Knoten zu finden, der sie hielt. Sofort rief er aber da:

»Eine Medaille!«

»Eine Medaille?« wiederholte Max Huber.

Kaum hatte der Kleine den Verlust der Medaille bemerkt, als er schon mit einem Satze darauf zusprang. Jetzt war er plötzlich hellwach. Er stürzte auf John Cort zu mit der deutlichen Absicht, sein Eigentum wieder in Empfang zu nehmen.

Khamis ergriff ihn bei dieser Bewegung; jetzt entschlüpfte dem Munde des Kleinen aber nicht das Wort »Ngora«, sondern er rief deutlich:

»Li-Maï!... Ngala... Ngala!«

Was diese Wörter wohl bedeuten könnten, darüber nachzudenken hatten die Männer jetzt keine Zeit. Plötzlich tauchten nämlich weitere Vertreter derselben Rasse auf, aber lauter Erwachsene, die vom Kopf bis zu den Füßen mindestens fünfeinhalb Fuß maßen.

Khamis, John Cort und Max Huber hatten noch nicht bestimmt erkennen können, ob sie es hier mit Menschen oder mit Vierhändern zu tun hätten. Dem reichlichen Dutzend von Bewohnern des großen Waldes Widerstand leisten zu wollen, wäre ganz nutzlos gewesen. Der Foreloper, Max Huber und John Cort wurden an den Armen gepackt, vorwärts gedrängt und gezwungen, zwischen den Bäumen hin zu gehen, und von der Bande umringt, kamen sie erst nach einem Wege von fünf- bis sechshundert Metern zum Stillstehen.

An dieser Stelle hatten es zwei nahe beieinander und schräg stehende Bäume ermöglicht, dazwischen dünne Äste wie eine Art Stufen zu befestigen. Wenn auch keine Treppe, war das doch besser als eine Leiter. Fünf oder sechs Individuen kletterten voraus, während die übrigen ihre Gefangenen, ohne sie übrigens zu mißhandeln, zwangen, jenen auf dem nämlichen Wege zu folgen.

Je höher man hinaufkam, desto heller glänzte das Licht durch das Laubwerk. Da und dort blitzten sogar einzelne Sonnenstrahlen hindurch, deren Khamis und seine Gefährten seit dem Aufbruche vom Rio Johausen beraubt gewesen waren.

Max Huber hätte ein arger Zweifler sein müssen, nicht zuzugestehen, daß das, was er hier erlebte, nicht zur Kategorie des ganz Außergewöhnlichen gehörte.

Als der Aufstieg etwa hundert Fuß über der Erde ein Ende nahm, welche Überraschung harrte ihrer da! Vor sich sahen sie eine hell vom Himmelslicht beleuchtete Plattform liegen. Darüber wölbten sich die üppiggrünen Gipfel der Bäume. Darauf aber standen in leidlicher Ordnung aus gestampfter Erde und Laub erbaute Hütten, die wirkliche Straßen bildeten. Das Ganze stellte also ein in dieser Höhe errichtetes Dorf dar, dessen Grenzen sich vorläufig dem Blicke entzogen.

Hier schwärmten eine Menge Eingeborener umher, Leute mit ähnlichem Typus wie dem des Schützlings Llangas. Ihre mit der des Menschen übereinstimmende Haltung ließ erkennen, daß sie aufrecht zu gehen gewöhnt waren, sie hatten also das Recht zur Bezeichnung als Erectus – die der Doktor Eugène Dubois in den Wäldern Javas aufgefundenen Pitheranthropen beigelegt hatte – womit er einen anthropogenischen Charakter andeuten wollte, den der genannte Gelehrte, unter Anlehnung an die Lehre Darwins, als das wichtigste Mittelglied zwischen dem Menschen und dem Affen betrachtete.

Wenn die Anthropologen behaupteten, daß auch die am höchsten entwickelten Vierhänder unter dem Affengeschlechte, die, die sich ihrer Körpergestalt nach dem Menschen am meisten nähern, sich von diesem durch die Eigentümlichkeit unterscheiden, daß sie sich ihrer vier Gliedmaßen bedienen, wenn sie fliehen, so schien es doch, daß diese Bemerkung für die Bewohner des Dorfes in den Lüften nicht zutreffen könne.

Khamis, Max Huber und John Cort mußten es jedoch auf spätere Zeit verschieben, hierüber weitere Beobachtungen zu sammeln. Ob diese Wesen nun wirklich zwischen Tier und Mensch standen oder nicht, jedenfalls trieb die Rotte, die in einem ganz unverständlichen Idiom eifrig hin und her sprach, die drei Männer einer Hütte zu, ohne daß die übrigen Dorfbewohner darüber besonders erstaunt zu sein schienen. Die Tür der Hütte wurde hinter ihnen zugeschlagen, und sie sahen sich darin auf Gnade und Ungnade gefangen gesetzt.

Von den drei Gefangenen erschien Khamis der am meisten Betroffene zu sein. Ihm wollte es nicht in den Kopf – der anthropologischen Erörterungen überhaupt abhold war –, daß diese Tiere keine Affen wären. Es wären Affen, die aufrecht gehen, sprechen und Feuer anzünden könnten, die in wirklichen Dörfern wohnten, doch schließlich immer nichts als Affen. Er empfand es schon als etwas ganz Außerordentliches, daß der Wald derartige Wesen beherbergte, Geschöpfe, von denen er noch nie etwas gehört hatte.

Der Affe als Detektiv

Ich bin ein alter Mann. Ich liebte meinen Gebieter. Ich diente ihm viele Jahre. Manches Mal kroch ich hin zu seinen Füßen. Wie sollte ich ihn töten? Aber seht, wie Kinder um ihre Großmutter versammelt hört ihr dieser wilden Geschichte zu. Dabei gibt es keinen einzigen Beweis hier, außer Morris' Wort. Er sagt, er habe dieses gesehen, jenes gehört; er bringt ein Tonband mit, das er angibt, an solch und solch einem Ort gefunden zu haben, und darauf sind Geräusche. Doch vielleicht hat er diese Geräusche selbst erzeugt. Er sagt, die Sumpfbewohner wüßten von keiner Verschwörung, aber er allein spricht ihre Sprache – wer soll seine Geschichte nachprüfen? Der Geschichtenerzähler Morris sagt nun, ich, bin Zair, hätte meinen Gebieter ermordet. Wer hat mich dabei gesehen? Kein Mensch!«

»Kein Mensch hat Euch gesehen, bin Zair«, sagte Morris. »Aber mein Affe sah Euch.«

»Und wie soll der Zeugnis ablegen?« schrie jemand.

»So«, antwortete Morris, indem er die Schimpansin Dinah losließ und die Plastiksymbole auf dem Mappendeckel ausschüttete.

»Sind wir denn alle dem Wahnsinn verfallen«, schrie bin Zair, »solchem Unsinn zuzuhören?«

»Ai!« sagte ein dicker Scheich. »Laßt uns zumindest zusehen, und dann können wir entscheiden. Neuigkeiten werden wir danach ganz gewiß zu berichten haben.«

Darin waren sich alle einig. Neuigkeiten stellen in der Wüste eine wertvolle Handelsware dar, und bei der Entstehung einer Neuigkeit zugegen gewesen zu sein – der Geburt eines Sohnes, dem Diebstahl eines Kamels, einem Streit über Weiderechte, der Rekord-jagdbeute eines berühmten Falken –, macht einen Mann zum willkommenen Gast in vielen Zelten.

»Nun seht her«, sagte Morris. »Dinah kann nicht sprechen. Ihr Mund und ihre Zunge sind nicht ge-formt wie die eines Menschen. Sie kann ein paar Zei-chen mit den Händen machen, wie ein Taubstummer.«

»Ich bin Sprachgelehrter«, sagte Morris, »und ich kam hierher nach Q'Kut, um die Sprache der Sumpf-bewohner zu studieren. Aber es gehört auch zu mei-nen Studien, festzustellen, inwieweit ein Affe eine Sprache lernen kann. Wir benutzen diese kleinen Pla-stikscheiben als Wörter. So.« Morris erklärte die Be-deutung jedes einzelnen Symbols, indem er es hinlegte.

Gelber Kreis: Frage
Weißes Quadrat: Dinah
Weißer Kreis: essen
Grün-blaues Quadrat: Banane

Er legte ein Traubenzweiglein daneben. Dinah schnup-perte rasch, verglich die Trauben mit dem Substantiv-Quadrat, keckerte verächtlich und schnappte sich aus Morris' Hand den großen roten Kreis, der »Nein« be-deutete.

Sie sah Morris mit vor Aufregung dunklen Augen zu, während sie die Trauben verzehrte, langsam ganz elektrisiert von ihrem spannungsgeladenen Publikum. Er erläuterte einen neuen Satz:

Weißes Quadrat: Dinah
Oranger Kreis mit Loch: holen/nehmen/finden
Schwarzes Quadrat mit Goldhand: Sultan

Er konnte sehen, daß sie verwirrt war. Denn der Sultan war tot. Schließlich kam sie zu Morris zurückgaloppiert, stieß die Fingerspitzen gegeneinander und durchsuchte den Symbolhaufen nach dem violetten Kreis mit dem Loch. Sie brauchte nicht lange, um ihren Zwei-Wörter-Satz zu bilden.

Schwarzes Quadrat mit Goldhand: Sultan
Violetter Kreis mit Loch: weh tun

Ein wispernder Seufzer stieg aus dem Rat auf, als Morris die Bedeutung erklärte. Die Jagd war eröffnet. Bin Zairs dünne graue Hand durchkämmte ununterbrochen seinen Bart. Niemand sah ihn direkt an.

Weißes Quadrat: Dinah
Oranger Kreis mit Loch: finden
Schwarzes Quadrat: Person
Violetter Kreis mit Loch: weh tun
Schwarzes Quadrat mit Goldhand: Sultan

Relativsätze waren für Dinah einst ein rotes Tuch gewesen. Noch vor einem Jahr hatte Morris über eine grammatikalische Möglichkeit nachgebrütet, sie zu umgehen, aber dann fand Dinah plötzlich, zwischen einer Lektion und der nächsten, selbst eine Lösung für das Problem, indem sie die Symbole aus der Geraden herausschubste, bis man die zwei Satzhälften in zwei verschiedenen Zeilen lesen konnte. Inzwischen war es zu einer festen grammatischen Gepflogenheit geworden, daß Relativsätze im rechten Winkel zum Hauptsatz standen, wobei das Ecksymbol (in diesem Fall das schwarze Quadrat) das Relativpronomen schon in sich enthielt. Als sie dieses Prinzip entdeckte, erlebte Morris den wahrscheinlich aufregendsten Augenblick seines Lebens, nicht nur in Würdigung seiner logi-

schen Schönheit, sondern auch in Erkenntnis der Tatsache, daß ihre Fähigkeiten möglicherweise keine Grenzen kannten.

So hegte er jetzt absolut keinen Zweifel, daß sie die
Mitteilung verstehen würde; nicht ganz so sicher war
er sich allerdings, ob ihr Gedächtnis imstande sein
würde, die Aufgabe des Wiedererkennens zu bewälti-
gen – schließlich wußte er nur zu gut, wie lange auch
ein recht intelligenter Mensch braucht, bis er einen
Schimpansen vom anderen unterscheiden kann. Voll
besorgter Unruhe sah er zu, wie sie endlich die Nase
von den Symbolen hob und in die Runde der still gewordenen Araber blickte.

Sich auf den Knöcheln abstützend, durchquerte sie
gemächlich im Seitwärtsgang den Kreis und starrte ins
Gesicht eines Mannes mit einem grünen Kopfputz
und einem wuchernden schwarzen Büschel von einem
Bart. Er wich zurück; seine Kehle verkrampfte sich,
als hielte sie einen Schrei gefangen, doch Dinah schnat-
terte nur unzufrieden vor sich hin, kehrte zu der Mitteilung zurück, las sie noch einmal und machte sich auf
in eine andere Richtung.

Ihr Vorgehen hatte gar nichts Systematisches an
sich. Manchmal ging sie quer durch den Kreis und
dann wieder zurück zu dem Mann, den sie gerade in-
spiziert hatte; häufig sauste sie zu Morris zurück, als
wolle sie sichergehen, daß sie auch das Richtige tat; er
gab ihr jedesmal ein paar Trauben, die sie langsam aß,
während sie den glänzenden Mosaikfußboden im Zick-
zackkurs überquerte.

Es mußte irgend etwas Unauffälliges an bin Zair
sein, eine angeborene Tarnung, die einen fantastischen
Jäger aus ihm hätte machen können, hätte er sein Leben nicht auf der Spur eines weniger realen Wildes
verbracht. Dinah erspähte ihn nur wie durch Zufall,
grau und schweigend auf seinem Kissen. Ihr Blick

flackerte in seine Richtung, als sie die Arena durch‚ querte, und wieder weg. Sie setzte ihren Weg einen halben Schritt lang fort, dann erstarrte sie. Ganz lang‚ sam, als wäre sie selbst die gejagte Kreatur, drehte sich ihr Kopf zurück zu bin Zair, die linke Hand erhoben zum nächsten Schritt. Sie starrte ihn an, einen dieser unmeßbaren Zeiträume lang, die wahrscheinlich nur einen halben Herzschlag dauern, und dann schoß sie schon quer durch den Saal auf ihn zu, zerrte an seinem Gewand, kreischte vor Aufregung.

Bin Zair war überführt.

Der sprachgelehrte Affe: das Mo‚ nogramm des unter seinesgleichen verlorenen Affen.
OCTAVIO PAZ
»Der sprachgelehrte Affe«

Der Liebesbeweis

Diderot hörte so lange von seiner Liebe für die Kaiserin sprechen, daß er endlich selbst daran glaubte und mit fieberhafter Ungeduld den Augenblick erwartete, wo der sich ihr zu Füßen werfen konnte.

Katharina II. gab ihm selbst Gelegenheit dazu. Sie bat ihn, mit ihr Plato zu lesen, und sie wählte die erste Abendstunde zu dieser Lektüre.

Diderot war außer sich vor Glück, goldene Phantasien, schimmernde Hoffnungen umtanzten ihn gleich einem Mückenschwarm.

Die erste Lektion kam heran. Diderot befand sich der Kaiserin allein gegenüber. Wie schön war sie, als sie sich mit ihm an dem flackernden Kamin niederließ, wie zierlich lag ihre kleine Hand in dem Lederbande, aus dem sie den ›Staat‹ von Plato zu lesen begannen. Diderot war seiner Sinne kaum mächtig, und so oft – und es geschah recht oft – die Kaiserin zufällig mit ihrem feinen Finger den seinen streifte, oder mit ihren Locken seine Wange berührte, schrak er zusammen, und als die endlich, wie es schien, von dem Gegenstande hingerissen, den Arm auf die Lehne seines Stuhles legte und über seine Schulter in das Buch blickte, da verlor er ganz die Besinnung, und ehe er selbst noch wußte, was er tat, lag er zu ihren Füßen.

Aber Diderot, was fällt Ihnen ein?« rief die Monarchin.

»Majestät, schicken Sie mich nach Sibirien«, erwiderte Diderot, »lassen Sie mich köpfen, rädern oder vierteilen, ich liebe Sie dennoch, ich bete Sie an und ich will keine Minute länger leben, wenn Sie mich von sich stoßen.

»Lieber Diderot, stehen Sie vor allem auf«, sprach Katharina II., welcher das Lachen nahe war, »es könnte jemand – «

»O! meine Göttin!« seufzte Diderot und bedeckte die Hände der Zarin mit Küssen.

Sie lieben mich also wirklich«, begann Katharina; sie war so gnädig, ihm ihre Hand zu überlassen.

»Wie ein Wahnsinniger.«

»Nun, mein lieber Diderot«, fuhr die Zarin fort, »unser Jahrhundert ist, wie Sie wissen, ein skeptisches. Erlauben Sie mir daher an Ihrer Liebe zu zweifeln, bis Sie mir Beweise gegeben haben.«

»Fordern Sie, welchen Sie wollen, Majestät«, rief Diderot mit leidenschaftlicher Wärme.

»Nun, so schaffen Sie mir den Affen«, erwiderte Katharina II. rasch.

»Welchen Affen?« wiederholte Diderot erstaunt, »welchen Affen?«

»Den redenden Affen von Madagaskar«, sagte die Zarin, sich erhebend, »und bis dahin kein Wort mehr von Liebe. Adieu, mein lieber Diderot.«

Damit entschwebte die Kaiserin und ließ den verblüfften Philosophen gleich einem bestraften Schulknaben auf seinen Knien liegen.

»Ich bin verzweifelt«, sagte Diderot zur Fürstin Daschkoff, welche lächelnd vor ihrem Toilettentisch saß und mit ihrer Frisur beschäftigt war.

»Warum? Die Kaiserin liebt Sie ja«, entgegnete die niedliche Fürstin, welche in ihrem weißen Morgennegligé und dem spitzenbesetzen Pudermantel einem Kinde glich.

»Aber sie glaubt nicht an meine Liebe!«

»Ihre Liebe?« antwortete die Daschkoff, »an die glauben Sie ja selbst nicht.«

»Wer sagt Ihnen –«

»Sie selbst«, rief die Daschkoff, »haben Sie mir nicht vor kurzem noch aufrichtig geschworen, daß Sie mich allein lieben, anbeten?«

»Ja, allerdings«, erwiderte der Philosoph etwas verwirrt, »vor kurzem noch – aber jetzt – jetzt –«

»Jetzt lieben Sie die Kaiserin?«

»Rasend.«

»Vortrefflich. Also was wollen Sie noch?«

»Die Kaiserin verlangt Beweise, daß ich sie liebe, und was für Beweise!«

»Sehr begreiflich.«

»Sie will nicht an meine Liebe glauben, ehe ich nicht – denken Sie, Prinzessin – ehe ich ihr nicht den ›redenden Affen‹ geschafft habe.«

»Nun, so reisen Sie in Gottes Namen nach Madagaskar«, entgegnete die Daschkoff.

»Madagaskar ist weit«, jammerte der verliebte Philosoph, »und ich bin gar nicht sicher, daß ich dort einen redenden Affen finde.«

»Nicht?«

»Ich glaube, es gibt überhaupt keinen«, rief Diderot in seinem Schmerz, »ich wenigstens habe noch keinen gesehen.«

»Dann bedaure ich Sie, mein lieber Diderot«, setzte ihm die Fürstin mit boshaftem Mitleid auseinander, »aber ich kenne die Kaiserin, sie wird sich jetzt nicht zufrieden geben, ehe sie nicht den Affen hat, nur an der Hand dieses Affen können Sie den Thron Rußlands besteigen, nur mit ihm Katharinas Herz erobern.«

»Ich nehme mir das Leben.«

»Welcher Verlust für die Wissenschaft.«

»Ja, was soll ich sonst tun?«

Die Daschkoff stützte das feine schlaue Köpfchen in die Hand und sann nach, dann schwebte ein Lächeln über ihr Gesicht. »Der Einfall ist kostbar«, sagte sie selbst, »und was das Beste ist, ich düpiere alle damit, sogar die Kaiserin.«

»Mein Freund«, wendete sie sich hierauf an den Philosophen, »wenn ich Diderot wäre, würde ich gerade das Hoffnungslose meiner Lage zu einem Geniestreich ausbeuten.«

»Wie? Sagen Sie mir nur wie?«

»Einen redenden Affen«, fuhr die Daschkoff fort, »unter uns können wir es uns ja gestehen, gibt es nicht.«

»Nein, den gibt es nicht«, erklärte Diderot jetzt ganz apodiktisch.

»Die Kaiserin verlangt denselben jedoch als Beweis Ihrer Liebe.«

»Ja.«

»Nun, mein lieber Diderot«, sprach die Fürstin mit Pathos, »wenn Sie auch den Affen nicht herbeischaffen können, so liegt es doch in Ihrer Hand, der Kaiserin einen noch weit größeren Beweis Ihrer Liebe zu geben, der sie rühren muß.«

»Ich bin auf das Äußerste gespannt.«

»Sie selbst machen sich ihr als redenden Affen zum Geschenk.«

»Ich? – mich? – als Affen?« staunte der Pariser Philosoph.

»Ja, Sie«, entschied die Fürstin, »Sie reisen ab unter dem Vorwande, den Wunsch der Kaiserin zu erfüllen, lassen sich in das Fell eines Affen nähen und durch einen vertrauten Diener der Zarin präsentieren.«

»Eine herrliche Idee«, schrie Diderot, »Prinzessin, ich möchte Sie küssen für diese Idee!«, und trotz dem Schreiben und Sträuben der kleinen Daschkoff schloß er sie an seine Brust und gab ihr einen herzhaften Kuß.

Abends sprach man am Hofe nur von der plötzlichen Abreise Diderots nach Madagaskar und dem »redenden Affen«.

Eine Woche nach Diderots Abreise wurde der Präsidentin Fürstin Daschkoff unter der Adresse der Petersburger Akademie der Wissenschaft durch einen französischen Zoologen folgendes Schreiben eingehändigt:

»Hochverehrte und Hochgeehrte!
Die Kunde von dem Vortrage und der genialen Theorie unseres großen Diderot ist rasch bis in sein Vaterland gedrungen, zu gleicher Zeit aber zu unserem Bedauern das Gerücht, daß ein gewisser Lagetschnikoff, welcher ein ausgezeichneter Tierausstopfer sein soll, diese Theorie bestritten hat.
Wir beeilen uns, Ihnen jene Beweise in die Hand zu geben, welche in dieser Frage entscheidend sind, und übersenden in aller Ehrfurcht als ein untertäniges Geschenk für Ihre Majestät, die Kaiserin Katharina II. von Rußland, ein Exemplar des redenden Affen von Madagaskar.
Die Gesellschaft der Zoologen in Paris.«

Die Fürstin Daschkoff hatte von der Gesellschaft der Zoologen in Paris nie etwas gehört, aber sie verstand augenblicklich, daß der Brief von Diderot fingiert sei, und der Überbringer desselben gestand auch, daß er ein französischer Sprachmeister sei, welchen Diderot in Reval für seine Komödie gewonnen.
»Und wo ist der Affe? – Herr Diderot – will ich sagen«, fragte die Fürstin.
»In dem Hotel zum Auge Gottes, in welchem wir abgestiegen sind.«
»Gut, sagen Sie Herrn Diderot, daß ich ihn selbst mit meinem Wagen abholen werde.«
»Herr Diderot will sich in seinem Käfig transportieren lassen«, entgegnete der Sprachmeister.
»Um so besser«, sagte die Fürstin, »ich werde also mit den Leuten kommen, welche ihn tragen sollen.«

Die Fürstin bekleidete sich hierauf mit allen Zeichen ihrer Würde, der großen Allonge, dem roten Talar, der Kette und dem Stabe und fuhr zuerst in den Winterpalast, um der Kaiserin das überraschende Ereignis mitzuteilen. Dann eilte sie, von vier Hofbedienten gefolgt, welche eine Sänfte trugen, in den Gasthof zum Auge Gottes.

Indes hatte sich im Winterpalaste der ganze Hof versammelt, um den Affen mit allen diesem Wunder der Natur gebührenden Ehren zu empfangen. Auch Professor Lagetschnikoff war auf besonderen Befehl der Monarchin anwesend.

Der Augenblick, in welchem der Affe in den Saal hineingebracht wurde, war feierlich. Die Kaiserin stand in der Mitte ihrer Damen, die Herren bildeten einen Halbkreis.

Voran schritt die Fürstin mit dem als Doktor gekleideten Sprachmeister, hinter ihr trugen die vier Hoflakaien den Käfig auf ihren Schultern und setzten ihn langsam in die Mitte des Saales nieder.

Die Kaiserin eilte zuerst auf denselben zu, und dies war für alle Anwesenden das Signal, jede Etikette bei Seite zu lassen und den Käfig zu umringen; man drängte und stieß sich ohne Rücksicht, wie es der süße Pöbel macht, wenn er einen Savoyarden oder Bärentreiber anstaunt.

Diderots Maske war so gelungen und er verstand es so vortrefflich, die Haltung und Bewegungen des Affen nachzuahmen, daß alle getäuscht wurden, alle, bis auf Lagetschnikoff, den Ausstopfer.

Sein scharfes Auge erkannte selbst durch die Gitter hindurch sofort die Nähte, welche den Balg zusammenhielten.

»Oho! Ein Mensch im Affenbalg«, dachte er, »wir wollen abwarten, was das zu bedeuten hat.«

Die Kaiserin befahl, nachdem sich alle an dem

Wunder satt gesehen, den Käfig in ihre Gemächer zu bringen.

»Ob er auch spricht?« fragte die schöne Gräfin Saltikoff.

»Wie heißt er?« wendete sich Orloff an den Sprachmeister.

»Jacques«, erwiderte dieser.

»Jacques«, rief die Kaiserin in französischer Sprache, »sprichst Du?«

»Ja«, gab der Affe deutlich zur Antwort.

»Er spricht!« schrie Katharina II. auf.

»Er spricht!« staunte Orloff.

»Er spricht!« verwunderte sich der ganze Hof, »der Affe spricht.«

Was ein Mann schöner is wie ein Aff, is ein Luxus.

FRIEDRICH TORBERG
»Die Tante Jolesch«

Äffisches Gelehrtentum

Die gute Gesellschaft von Grünwiesel

Der Konzertsaal war gedrängt voll; denn ganz Grünwiesel und die Umgegend hatte sich eingefunden. Alle
Jäger, Pfarrer, Amtleute, Landwirte und dergleichen
aus dem Umkreis von drei Stunden waren mit zahlrei-
cher Familie herbeigeströmt, um den seltenen Genuß
mit den Grünwieselern zu teilen. Die Stadtmusikanten
hielten sich vortrefflich, nach ihnen trat der Bürgermeister auf, der das Violoncell spielte, begleitet vom
Apotheker, der die Flöte blies; nach diesen sang der
Organist eine Baßarie mit allgemeinem Beifall, und
auch der Doktor wurde nicht wenig beklatscht, als er
auf dem Fagott sich hören ließ.

Die erste Abteilung des Konzerts war vorbei, und
jedermann war nun auf die zweite gespannt, in welcher der junge Fremde mit des Bürgermeisters Tochter
ein Duett vortragen sollte. Der Neffe war in einem
glänzenden Anzug erschienen und hatte schon längst
die Aufmerksamkeit aller Anwesenden auf sich gezo-
gen. Er hatte sich nämlich, ohne viel zu fragen, in den
prächtigen Lehnstuhl gelegt, der für eine Gräfin aus
der Nachbarschaft hergesetzt worden war; er streckte
die Beine weit von sich, schaute jedermann durch ein
ungeheures Perspektiv an, das er noch außer seiner
großen Brille gebrauchte, und spielte mit einem großen
Fleischerhund, den er, trotz des Verbotes, Hunde mit-
zunehmen, in die Gesellschaft eingeführt hatte. Die
Gräfin, für welche der Lehnstuhl bereitet war, erschien, aber wer keine Miene machte, aufzustehen und

ihr den Platz einzuräumen, war der Neffe; er setzte sich im Gegenteil noch bequemer hinein, und niemand wagte es, dem jungen Mann etwas darüber zu sagen; die vornehme Dame aber mußte auf dem ganz gemeinen Strohsessel mitten unter den übrigen Frauen des Städtchens sitzen und soll sich nicht wenig geärgert haben.

Während des herrlichen Spieles des Bürgermeisters, während des Organisten trefflicher Baßarie, ja sogar während der Doktor auf dem Fagott phantasierte, und alles den Atem anhielt und lauschte, ließ der Neffe den Hund das Schnupftuch apportieren und schwatzte ganz laut mit seinen Nachbarn, so daß jedermann, der ihn nicht kannte, über die absonderlichen Sitten des jungen Herrn sich wunderte.

Kein Wunder daher, daß alles sehr begierig war, wie er sein Duett vortragen würde. Die zweite Abteilung begann; die Stadtmusikanten hatten etwas Weniges aufgespielt, und nun trat der Bürgermeister mit seiner Tochter zu dem jungen Mann, überreichte ihm ein Notenblatt und sprach: »Mosjöh! wäre es Ihnen jetzt gefällig, das Duetto zu singen?« Der junge Mann lachte, fletschte mit den Zähnen, sprang auf, und die beiden andern folgten ihm an das Notenpult, und die ganze Gesellschaft war voll Erwartung. Der Organist schlug den Takt und winkte dem Neffen, anzufangen. Dieser schaute durch seine großen Brillengläser in die Noten und stieß greuliche, jämmerliche Töne aus. Der Organist aber schrie ihm zu: »Zwei Töne tiefer, Wertester, C müssen Sie singen, C!«

Statt aber C zu singen, zog der Neffe einen seiner Schuhe ab und warf ihn dem Organisten an den Kopf, daß der Puder weit umherflog. Als dies der Bürgermeister sah, dachte er: »Ha! jetzt hat er wieder seine körperlichen Zufälle«, sprang hinzu, packte ihn am Hals und band ihm das Tuch etwas leichter; aber dadurch wurde es noch schlimmer mit dem jungen Mann. Er sprach nicht mehr deutsch, sondern eine ganz sonderbare Sprache, die niemand verstand, und machte große Sprünge. Der Bürgermeister war in Verzweiflung über diese unangenehme Störung, er faßte daher den Entschluß, dem jungen Mann, dem etwas ganz Besonderes zugestoßen sein mußte, das Halstuch vollends abzulösen. Aber kaum hatte er dies getan, so blieb er vor Schrecken wie erstarrt stehen. Denn statt menschlicher Haut und Farbe umgab den Hals den jungen Menschen ein dunkelbraunes Fell, und alsobald setzte derselbe auch seine Sprünge noch höher und sonderbarer fort, fuhr sich mit den glacierten Handschuhen in die Haare, zog diese ab, und, o Wunder! diese schönen Haare waren eine Perücke, die er dem Bürgermeister ins Gesicht warf, und sein Kopf erschien jetzt mit demselben braunen Fell bewachsen.

Er setzte über Tische und Bänke, warf die Notenpulte um, zertrat Geigen und Klarinetten und erschien wie ein Rasender. »Fangt ihn, fangt ihn«, rief der Bürgermeister ganz außer sich, »er ist von Sinnen, fangt ihn!« Das war aber eine schwierige Sache; denn er hatte die Handschuhe abgezogen und zeigte Nägel an den Händen, mit welchen er den Leuten ins Gesicht

fuhr und sie jämmerlich kratzte. Endlich gelang es einem jungen Jäger, seiner habhaft zu werden. Er preßte ihm die langen Arme zusammen, daß er nur noch mit den Füßen zappelte und mit heiserer Stimme lachte und schrie. Die Leute sammelten sich umher und betrachteten den sonderbaren jungen Herrn, der jetzt gar nicht mehr aussah wie ein Mensch. Aber ein gelehrter Herr aus der Nachbarschaft, der ein großes Naturalienkabinett und allerlei ausgestopfte Tiere besaß, trat näher, betrachtete ihn genau und rief dann voll Verwunderung: »Mein Gott, verehrte Herren und Damen, wie bringen Sie nur dies Tier in honette Gesellschaft? Das ist ja ein Affe, der Homo Troglodytes Linnäi, ich gebe sogleich sechs Taler für ihn, wenn Sie mir ihn ablassen, und bälge ihn aus für mein Kabinett.«

Wer beschreibt das Erstaunen der Grünwieseler, als sie dies hörten!

»Was, ein Affe, ein Orang-Utan in unserer Gesellschaft? Der junge Fremde ein ganz gewöhnlicher Affe!« riefen sie, und sahen einander ganz dumm vor Verwunderung an. Man wollte nicht glauben, man traute seinen Ohren nicht, die Männer untersuchten das Tier genauer, aber es war und blieb ein ganz natürlicher Affe.

»Aber wie ist dies möglich!« rief die Frau Bürgermeisterin, »hat er mir nicht oft seine Gedichte vorgelesen? Hat er nicht wie ein anderer Mensch bei mir zu Mittag gespeist?«

»Was?« ereiferte sich die Frau Doktorin. »Wie? Hat er nicht oft und viel den Kaffee bei mir getrunken und mit meinem Manne gelehrt gesprochen und geraucht?«

»Wie! ist es möglich!« riefen die Männer. »Hat er nicht mit uns am Felsenkeller Kugeln geschoben und über Politik gestritten wie unsereiner?«

»Und wie?« klagten sie alle, »hat er nicht vorgetanzt auf unseren Bällen? Ein Affe! Ein Affe? Es ist ein Wunder, es ist Zauberei!«

»Ja, es ist Zauberei und teuflischer Spuk«, sagte der Bürgermeister, indem er das Halstuch des Neffen herbeibrachte. »Seht! In diesem Tuche steckte der ganze Zauber, der ihn in unseren Augen liebenswürdig machte. Da ist ein breiter Streifen elastischen Pergaments, mit allerlei wunderlichen Zeichen beschrieben. Ich glaube gar, es ist Lateinisch; kann es niemand lesen?«

Der Oberpfarrer, ein gelehrter Mann, der oft an den Affen eine Partie Schach verloren hatte, trat hinzu, betrachtete das Pergament und sprach: »Mitnichten! Es sind nur lateinische Buchstaben, es heißt:

Der · Affe · sehr · possierlich · ist
zumal · wenn · er · vom · Apfel · frißt.

Ja, ja, es ist höllischer Betrug, eine Art von Zauberei«, fuhr er fort, »und es muß exemplarisch bestraft werden.«

Der Bürgermeister war derselben Meinung und machte sich sogleich auf den Weg zu dem Fremden, der ein Zauberer sein mußte, und sechs Stadtsoldaten trugen den Affen, denn der Fremde sollte sogleich ins Verhör genommen werden.

Sie kamen, umgeben von einer ungeheuren Anzahl Menschen, an das öde Haus; denn jedermann wollte sehen, wie sich die Sache weiter begeben würde. Man pochte an das Haus, man zog die Glocke, aber vergeblich, es zeigte sich niemand. Da ließ der Bürgermeister in seiner Wut die Türe einschlagen und begab sich hierauf in das Zimmer des Fremden. Aber dort war nichts zu sehen als allerlei alter Hausrat. Der fremde Mann war nicht zu finden. Auf seinem Arbeitstisch aber lag ein großer versiegelter Brief, an den Bürger-

meister überschrieben, den dieser auch sogleich öffnete. Er las:

»Meine lieben Grünwieseler!
Wenn Ihr dies leset, bin ich nicht mehr in Eurem Städt-
chen, und Ihr werdet dann längst erfahren haben, wes
Standes und Vaterlandes mein lieber Neffe ist. Neh-
met den Scherz, den ich mir mit Euch erlaubte, als eine
gute Lehre auf, einen Fremden, der für sich leben will,
nicht in Eure Gesellschaft zu nötigen. Ich selbst fühle
mich zu gut, um Euer ewiges Klatschen, um Eure
schlechten Sitten und Euer lächerliches Wesen zu teilen. Darum erzog ich einen jungen Orang-Utan, den
Ihr als Stellvertreter so lieb gewonnen habt. Lebet
wohl und benutzet diese Lehre nach Kräften.«

Die Grünwieseler schämten sich nicht wenig vor dem
ganzen Land. Ihr Trost war, daß dies alles mit unnatür-
lichen Dingen zugegangen sei. Am meisten schämten
sich aber die jungen Leute in Grünwiesel, weil sie die
schlechten Gewohnheiten und Sitten des Affen nach-
geahmt hatten. Sie stemmten von jetzt an keinen Ellbogen mehr auf, sie schaukelten nicht mit dem Sessel, sie
schwiegen, bis sie gefragt wurden, sie legten die Bril-
len ab und waren artig und gesittet wie zuvor, und
wenn je einer wieder in solche schlechte, lächerliche
Sitten verfiel, so sagten die Grünwieseler: »Es ist ein
Affe.« Der Affe aber, welcher lange die Rolle eines jungen Herrn gespielt hatte, wurde dem gelehrten Mann,
der ein Naturalienkabinett besaß, überantwortet. Dieser läßt ihn in seinem Hof umhergehen, füttert ihn und
zeigt ihn als Seltenheit jedem Fremden, wo er noch bis
auf den heutigen Tag zu sehen ist.

E.T.A. HOFFMANN

Schreiben Milos, eines gebildeten Affen,
an seine Freundin Pipi in Nordamerika

Mit einer Art von Entsetzen denke ich noch an die
unglückselige Zeit, als ich Dir, geliebte Freundin, die
zärtlichsten Gesinnungen meines Herzens nicht anders als durch unschickliche, jedem Gebildeten unver-
ständliche Laute auszudrücken vermochte. Wie konnte
doch das mißtönende, weinerliche »Ae, Ae!«, das ich
damals, wiewohl von manchem zärtlichen Blick begleitet, ausstieß, nur im mindesten das tiefe, innige Gefühl,
das sich in meiner männlichen, wohlbehaarten Brust
regte, andeuten? Und selbst meine Liebkosungen, die
Du, kleine süße Freundin, damals mit stiller Ergebung
dulden mußtest, waren so unbehülflich, daß ich jetzt,
da ich es in dem Punkt dem besten primo amoroso
gleichtue und à la Duport die Hand küsse, rot darüber
werden könnte, wenn nicht ein gewisser robuster
Teint, der mir eigen, dergleichen verhindert. Unerachtet des Glücks der höchsten innern Selbstzufriedenheit, die jene unter den Menschen erhaltene Bildung
in mir erzeugt hat, gibt es dennoch Stunden, in denen
ich mich recht abhärme, wiewohl ich weiß, daß dergleichen Anwandlungen, ganz dem sittlichen Charakter, den man durch die Kultur erwirbt, zuwider, noch
aus dem rohen Zustande herrühren, der mich in einer
Klasse von Wesen festhielt, die ich jetzt unbeschreiblich verachte. Ich bin nämlich dann töricht genug, an
unsere armen Verwandten zu denken, die noch in den
weiten, unkultivierten Wäldern auf den Bäumen her-

umhüpfen, sich von rohen, nicht erst durch Kunst schmackhaft gewordenen Früchten nähren und vorzüglich abends gewisse Hymnen anstimmen, in denen kein Ton richtig und an irgendeinen Takt, sei es auch der neu erfundene Siebenachtel- oder Dreizehnvierteltakt, gar nicht zu denken ist. An diese Armen, die mich doch eigentlich nun gar nichts mehr angehen, denke ich dann und erwehre mich kaum eines tiefen Mitleids mit ihnen. Vorzüglich liegt mir noch zuweilen unser alter Onkel (nach meinen Erinnerungen muß es ein Onkel von mütterlicher Seite gewesen sein) im Sinn, der uns nach seiner dummen Weise erzog und alles nur mögliche anwandte, uns von allem, was menschlich, entfernt zu halten. Er war ein ernster Mann, der niemals Stiefeln anziehen wollte, und ich höre noch sein warnendes, ängstliches Geschrei, als ich mit lüsternem Verlangen die schönen, neuen Klappstiefeln anblickte, die der schlaue Jäger unter dem Baum stehenlassen, auf dem ich gerade mit vielem Appetit eine Kokosnuß verzehrte. Ich sah noch in der Entfernung den Jäger gehen, dem die den zurückgelassenen ganz ähnlichen Klappstiefeln herrlich standen. Der ganze Mann erhielt eben nur durch die wohlgewichsten Stiefeln für mich so etwas Grandioses und Imposantes – nein, ich konnte nicht widerstehen; der Gedanke, ebenso stolz wie jener in neuen Stiefeln einherzugehen, bemächtigte sich meines ganzes Wesens; und war es nicht schon ein Beweis der herrlichen Anlagen zur Wissenschaft und Kunst, die in mir nur geweckt werden durften, daß ich, vom Baum herabgesprungen, leicht und gewandt, als hätte ich zeitlebens Stiefeln getragen, mit den stählernen Stiefelanziehern den schlanken Beinen die ungewohnte Bekleidung anzuzwängen wußte? Daß ich freilich nachher nicht laufen konnte, daß der Jäger nun auf mich zuschritt, mich ohne weiteres beim Kragen nahm und fortschleppte, daß der alte

Onkel erbärmlich schrie und uns Kokosnüsse nachwarf, wovon mich eine recht hart ans hintere linke
Ohr traf, wider den Willen des bösen Alten aber vielleicht herrliche, neue Organe zur Reife gebracht hat:
alles dieses weißt Du, Holde, da Du selbst ja heulend
und jammernd Deinem Geliebten nachliefest und so
auch freiwillig Dich in die Gefangenschaft begabst. –
Was sage ich, Gefangenschaft! Hat diese Gefangenschaft uns nicht die größte Freiheit gegeben? Ist etwas
herrlicher als die Ausbildung des Geistes, die uns unter den Menschen geworden? – Ich zweifle nämlich
nicht, daß Du, liebe Pipi, bei Deiner angebornen Lebhaftigkeit, bei Deiner Fassungsgabe Dich auch etwas
weniges auf die Künste und Wissenschaft gelegt haben wirst, und in diesem Vertrauen unterscheide ich
Dich auch ganz von den bösen Verwandten in den
Wäldern. Ha! unter ihnen herrscht noch Sittenlosigkeit und Barbarei, ihre Augen sind trocken, und sie
sind gänzlich ohne Tiefe des Gemüts! Freilich kann ich
wohl voraussetzen, daß Du in der Bildung nicht so
weit vorgeschritten sein wirst als ich, denn ich bin
nunmehr, wie man zu sagen pflegt, ein gemachter
Mann; ich weiß durchaus alles, bin daher ebenso gut
wie ein Orakel und herrsche im Reich der Wissenschaft und Kunst hier unumschränkt. Du wirst gewiß
glauben, süße Kleine, daß es mich unendlich viel
Mühe gekostet habe, auf diese hohe Stufe der Kultur
zu gelangen, im Gegenteil kann ich Dich versichern,
daß mir nichts in der Welt leichter geworden als das. –
Du mußt nämlich wissen, liebe Pipi, daß die geistigen
Anlagen und Talente wie Beulen am Kopfe liegen und
mit Händen zu greifen sind. – Jener Nachahmungstrieb, der unserm Geschlecht eigen und der ganz ungerechterweise von den Menschen so oft belacht wird,
ist nichts weiter als der unwiderstehliche Drang, nicht
sowohl Kultur zu erlangen, als die uns schon inwoh

nende zu zeigen. Dasselbe Prinzip ist bei den Menschen längst angenommen, und die wahrhaft Weisen, denen ich immer nachgestrebt, machen es in folgender Art. Es verfertigt irgend jemand etwas, sei es ein Kunstwerk oder sonst; alles ruft: »Das ist vortrefflich«; gleich macht der Weise, von innerm Beruf beseelt, es nach. Zwar wird etwas anders daraus; aber er sagt: »So ist es eigentlich recht, und jenes Werk, das ihr für vortrefflich hieltet, gab mir nur den Sporn, das wahrhaft Vortreffliche ans Tageslicht zu fördern, das ich längst in mir trug.« Es ist ungefähr so, liebe Pipi, als wenn einer unserer Mitbrüder sich beim Rasieren zwar in die Nase schneidet, dadurch aber dem Stutzbart einen gewissen originellen Schwung gibt, den der Mann, dem er es absah, niemals erreicht. Ebenjener Nachahmungstrieb, der mir von jeher ganz besonders eigen, brachte mich einem Professor der Ästhetik, dem liebenswürdigsten Mann von der Welt, näher, von dem ich nachher die ersten Aufklärungen über mich selbst erhielt und der mir auch das Sprechen beibrachte. Noch ehe ich dieses Talent ausgebildet, war ich oft in auserlesener Gesellschaft witziger, geistreicher Menschen. Ich hatte ihre Mienen und Gebärden genau abgesehen, die ich geschickt nachzuahmen wußte; dies und meine anständige Kleidung, mit der mich mein damaliger Prinzipal versehen, öffnete mir nicht allein jederzeit die Tür, sondern ich galt allgemein für einen jungen Mann von feinem Weltton. Wie sehnlich wünschte ich, sprechen zu können; aber im Herzen dachte ich: O Himmel, wenn du nun auch sprechen kannst, wo sollst du all die tausend Einfälle und Gedanken hernehmen, die denen da von den Lippen strömen? Wie sollst du es anfangen, von den tausend Dingen zu sprechen, die du kaum dem Namen nach kennst? Wie sollst du über Werke der Wissenschaft und Kunst so bestimmt urteilen wie jene da, ohne in diesem Gebiete einheimisch zu sein? – Sowie ich nur einige Worte zusammenhängend herausbringen konnte, eröffnete ich meinem lieben Lehrer, dem Professor der Ästhetik, meine Zweifel und Bedenken; der lachte mir aber ins Gesicht und sprach: »Was glauben Sie denn, lieber Monsieur Milo? Sprechen, sprechen, sprechen müssen Sie lernen, alles übrige findet sich von selbst. Geläufig, gewandt, geschickt sprechen, das ist das ganze Geheimnis. Sie werden selbst erstaunen, wie Ihnen im Sprechen die Gedanken kommen, wie Ihnen die Weisheit aufgeht, wie die göttliche Suada Sie in alle Tiefen der Wissenschaft und Kunst hineinführt, daß Sie ordentlich in Irrgängen zu wandeln glauben. Oft werden Sie sich selbst nicht verstehen: dann befinden Sie sich aber gerade in der wahren Begeisterung, die das Sprechen hervorbringt. – Oh, meine Pipi, wie hatte der Mann recht! wie kam mir mit der Fertigkeit des Sprechens die Weisheit! – Mein glückliches Mienenspiel gab meinen Worten Gewicht, und in dem Spiegel habe ich gesehen, wie schön meine von Natur etwas gerunzelte Stirn sich ausnimmt, wenn ich diesem oder jenem Dichter, den ich nicht verstehe, weshalb er denn unmöglich was taugen kann, Tiefe des Gemüts rein abspreche. Überhaupt ist die innere Überzeugung der höchsten Kultur der Richterstuhl, dem ich bequem jedes Werk der Wissenschaft und Kunst unterwerfe, und das Urteil infallibel, weil es aus dem Innern von selbst, wie ein Orakel, entsprießt. – Mit der Kunst habe ich mich vielfach beschäftigt – etwas Malerei, Bildhauerkunst, mitunter Modellieren. – Dich, süße Kleine, formte ich als Diana nach der Antike – aber all den Krimskrams hatte ich bald satt; nur die Musik zog mich vor allen Dingen an, weil sie Gelegenheit gibt, so eine ganze Menge Menschen mir nichts, dir nichts in Erstaunen und Bewunderung zu setzen, und schon meiner natürlichen Orga-

nisation wegen wurde bald das Fortepiano mein Lieb-
lingsinstrument. Du kennst, meine Süße, die etwas
länglichen Finger, welche mir die Natur verliehen; mit
denen spanne ich nun Quartdezimen, ja zwei Oktaven,
und dies, nebst einer enormen Fertigkeit, die Finger zu
bewegen und zu rühren, ist das ganze Geheimnis des
Fortepianospiels. Tränen der Freude hat der Musikmeister über die herrlichen, natürlichen Anlagen seines Scholaren vergossen, denn in kurzer Zeit habe ich
es so weit gebracht, daß ich mit beiden Händen in
zweiunddreißig – vierundsechzig – einhundertundacht-
undzwanzig – Teilen ohne Anstoß auf und ab laufe,
mit allen Fingern gleich gute Triller schlage, drei, vier
Oktaven herauf und herab springe, wie ehemals von
einem Baum zum andern, und bin hiernach der größte
Virtuos, den es geben kann. Mir sind alle vorhandene
Flügelkompositionen nicht schwer genug; ich kompo-
niere mir daher meine Sonaten und Konzerte selbst; in
letztern muß jedoch der Musikmeister die Tutti machen: denn wer kann sich mit den vielen Instrumenten
und dem unnützen Zeuge überhaupt befassen! Die
Tutti der Konzerte sind ja ohnedies nur notwendige
Übel und nur gleichsam Pausen, in denen sich der
Solospieler erholt und zu neuen Sprüngen rüstet. –
Nächstdem habe ich mich schon mit einem Instrumen-
tenmacher besprochen wegen eines Fortepiano von
neun bis zehn Oktaven: denn kann sich wohl das Genie beschränken auf den elenden Umfang von erbärm-
lichen sieben Oktaven? Außer den gewöhnlichen Zü-
gen, der türkischen Trommel und Becken, soll er noch
einen Trompetenzug sowie ein Flageolettregister, das,
soviel möglich, das Gezwitscher der Vögel nachahmt,
anbringen. Du wirst gewahr, liebe Pipi, auf welche
sublime Gedanken ein Mann von Geschmack und Bildung gerät! – Nachdem ich mehrere Sänger großen Beifall einernten gehört, wandelte mich auch eine unbe-

schreibliche Lust an, ebenfalls zu singen, nur schien es mir leider, als habe mir die Natur jedes Organ dazu schlechterdings versagt; doch konnte ich nicht unter- lassen, einem berühmten Sänger, der mein intimster Freund geworden, meinen Wunsch zu eröffnen und zugleich mein Leid wegen der Stimme zu klagen. Die- ser schloß mich aber in die Arme und rief voll Enthu- siasmus: »Glückseliger Monsieur, Sie sind bei Ihren musikalischen Fähigkeiten und der Geschmeidigkeit Ihres Organs, die ich längst bemerkt, zum großen Sän- ger geboren; denn die größte Schwierigkeit ist bereits überwunden. Nichts ist nämlich der wahren Singkunst so sehr entgegen als eine gute, natürliche Stimme, und es kostet nicht wenig Mühe bei jungen Scholaren, die wirklich Singstimme haben, diese Schwierigkeit aus dem Wege zu räumen. Gänzliches Vermeiden aller hal- tenden Töne, fleißiges Üben der tüchtigsten Rouladen, die den gewöhnlichen Umfang der menschlichen Stimme weit übersteigen, und vornehmlich das ange- strengte Hervorrufen des Falsetts, in dem der wahr- haft künstliche Gesang seinen Sitz hat, hilft aber ge- wöhnlich nach einiger Zeit; die robusteste Stimme widersteht selten lange diesen ernsten Bemühungen. Aber bei Ihnen, Geehrtester, ist nichts aus dem Wege zu räumen; in kurzer Zeit sind Sie der sublimste Sän- ger, den es gibt!« – – Der Mann hatte recht, nur weni- ger Übung bedurfte es, um ein herrliches Falsett und eine Fertigkeit zu entwickeln, hundert Töne in einem Atem herauszustoßen, was mir denn den ungeteilten Beifall der wahren Kenner erwarb und die armseligen Tenoristen, welche sich auf ihre Bruststimme wunder was zugute tun, unerachtet sie kaum einen Mordent herausbringen, in Schatten stellte. Mein Maestro lehrte mich gleich anfänglich drei ziemlich lange Manieren, in welchen aber die Quintessenz aller Weisheit des künstlichen Gesanges steckt, so daß man sie, bald so, bald anders gewendet, ganz oder stückweise, unzählligemal wiederbringen, ja zu dem Grundbaß der verschiedensten Arien, statt der von dem Komponisten intendierten Melodie, nur jene Manieren auf allerlei Weise singen kann. Welcher rauschende Beifall mir schon eben der Ausführung dieser Manieren wegen gezollt worden, meine Süße, kann ich Dir nicht beschreiben, und Du bemerkst überhaupt, wie auch in der Musik das natürliche, mir inwohnende Ingenium mir alles so herzlich leicht machte. – Von meinen Kompositionen habe ich schon gesprochen, aber gerade das liebe Komponieren – muß ich es nicht, um nur meinem Genie ihm würdige Werke zu verschaffen, so überlasse ich es gern den untergeordneten Subjekten, die nun einmal dazu da sind, uns Virtuosen zu dienen, das heißt Werke anzufertigen, in denen wir unsere Virtuosität zeigen können. – Ich muß gestehen, daß es ein eigen Ding mit all dem Zeuge ist, das die Partitur anfüllt. Die vielen Instrumente, der harmonische Zusammenklang – sie haben ordentliche Regeln darüber; aber für ein Genie, für einen Virtuosen ist das alles viel zu abgeschmackt und langweilig. Nächstdem darf man, um sich von jeder Seite in Respekt zu halten, worin die größte Lebensweisheit besteht, auch nur für einen Komponisten *gelten*; das ist genug. Hatte ich zum Beispiel in einer Gesellschaft in einer Arie des gerade anwesenden Komponisten recht vielen Beifall eingeerntet, und war man im Begriff, einen Teil dieses Beifalls dem Autor zuzuwenden: so warf ich mit einem gewissen finstern, tiefschauenden Blick, den ich bei meiner charaktervollen Physiognomie überaus gut zu machen verstehe, ganz leicht hin: »Ja, wahrhaftig, ich muß nun auch meine neue Oper vollenden!«, und diese Äußerung riß alles zu neuer Bewunderung hin, so daß darüber der Komponist, der wirklich vollendet hatte, ganz vergessen wurde. Überhaupt steht es dem Genie wohl an, sich so geltend zu machen als möglich; und es darf nicht verschweigen, wie ihm alles das, was in der Kunst geschieht, so klein und erbärmlich vorkommt gegen das, was es in allen Teilen derselben und der Wissenschaft produzieren könnte, wenn es nun gerade wollte und die Menschen der Anstrengung wert wären. – Gänzliche Verachtung alles Bestrebens anderer; die Überzeugung, alle, die gern schweigen und nur im stillen schaffen, ohne davon zu sprechen, weit, weit zu übersehen; die höchste Selbstzufriedenheit mit allem, was nun so ohne alle Anstrengung die eigene Kraft hervorruft: das alles sind untrügliche Zeichen des höchstkultivierten Genies, und wohl mir, daß ich alles das täglich, ja stündlich an mir bemerke. – So kannst Du Dir nun, süße Freundin, ganz meinen glücklichen Zustand, den ich der erlangten hohen Bildung verdanke, vorstellen. – Aber kann ich Dir denn nur das mindeste, was mir auf dem Herzen liegt, verschweigen? – Soll ich es Dir, Holde, nicht gestehen, daß noch öfters gewisse Anwandlungen, die mich ganz unversehens überfallen, mich aus dem glücklichen Behagen reißen, das meine Tage versüßt? – O Himmel, wie ist doch die früheste Erziehung so von wichtigem Einfluß auf das ganze Leben! und man sagt wohl mit Recht, daß schwer zu vertreiben sei, was man mit der Muttermilch einsauge! Wie ist mir denn doch mein tolles Herumschwärmen in Bergen und Wäldern so schädlich geworden! Neulich gehe ich, elegant gekleidet, mit mehreren Freunden in dem Park spazieren: plötzlich stehen wir an einem herrlichen, himmelhohen, schlanken Nußbaum; eine unwiderstehliche Begierde raubt mir alle Besinnung – einige tüchtige Sätze, und – ich wiege mich hoch in den Wipfeln der Äste, nach den Nüssen haschend! Ein Schrei des Erstaunens, den die Gesellschaft ausstieß, begleitete mein Wagestück. Als ich, mich wieder besinnend auf die erhaltene Kultur, die dergleichen Extravagantes nicht erlaubt, hinabkletterte, sprach ein junger Mensch, der mich sehr ehrt: »Ei, lieber Monsieur Milo, wie sind Sie doch so flink auf den Beinen!« Aber ich schämte mich sehr. – So kann ich auch oft kaum die Lust unterdrücken, meine Geschicklichkeit im Werfen, die mir sonst eigen, zu üben; und kannst Du Dir's denken, holde Kleine, daß mich neulich bei einem Souper jene Lust so sehr übermannte, daß ich schnell einen Apfel dem ganz am andern Ende des Tisches sitzenden Kommerzienrat, meinem alten Gönner, in die Perücke warf, welches mich beinahe in tausend Ungelegenheiten gestürzt hätte? – Doch hoffe ich immer mehr und mehr auch von diesen Überbleibseln des ehemaligen rohen Zustandes mich zu reinigen. – Solltest Du in der Kultur noch nicht so weit vorgerückt sein, süße Freundin, um diesen Brief lesen zu können: so mögen Dir die edlen, kräftigen Züge Deines Geliebten eine Aufmunterung, lesen zu lernen, und dann der Inhalt die weisheitsvolle Lehre sein, wie Du es anfangen mußt, um zu der inneren Ruhe und Behaglichkeit zu gelangen, die nur die höchste Kultur erzeugt, wie sie aus dem innern Ingenio und dem Umgang mit weisen, gebildeten Menschen entspringt. – Nun tausendmal lebe wohl, süße Freundin!

Zweifle an der Sonne Klarheit,
Zweifle an der Sterne Licht,
Zweifl, ob lügen kann die Wahrheit,
Nur an meiner Liebe nicht!

Dein Getreuer bis in den Tod!
Milo,
ehemals Affe, jetzt privatisierender
Künstler und Gelehrter

FRANZ KAFKA
Ein Bericht für eine Akademie

Hohe Herren von der Akademie!
Sie erweisen mir die Ehre, mich aufzufordern, der
Akademie einen Bericht über mein äffisches Vorleben
einzureichen.

In diesem Sinne kann ich leider der Aufforderung
nicht nachkommen. Nahezu fünf Jahre trennen mich
vom Affentum, eine Zeit, kurz vielleicht am Kalender
gemessen, unendlich lang aber durchzugaloppieren, so
wie ich es getan habe, streckenweise begleitet von vor-
trefflichen Menschen, Ratschlägen, Beifall und Orche-
stralmusik, aber im Grunde allein, denn alle Beglei-
tung hielt sich, um im Bilde zu bleiben, weit vor der
Barriere. Diese Leistung wäre unmöglich gewesen,
wenn ich eigensinnig hätte an meinem Ursprung, an
den Erinnerungen der Jugend festhalten wollen. Gerade Verzicht auf jeden Eigensinn war das oberste Gebot, das ich mir auferlegt hatte; ich, freier Affe, fügte
mich diesem Joch. Dadurch verschlossen sich mir aber
ihrerseits die Erinnerungen immer mehr. War mir zuerst die Rückkehr, wenn die Menschen gewollt hätten,
freigestellt durch das ganze Tor, das der Himmel über
der Erde bildet, wurde es gleichzeitig mit meiner vor-
wärtsgepeitschten Entwicklung immer niedriger und
enger; wohler und eingeschlossener fühlte ich mich in
der Menschenwelt; der Sturm, der mir aus meiner Ver-
gangenheit nachblies, sänftigte sich; heute ist es nur
ein Luftzug, der mir die Fersen kühlt; und das Loch in
der Ferne, durch das er kommt und durch das ich einst-

mals kam, ist so klein geworden, daß ich, wenn überhaupt die Kräfte und der Wille hinreichen würden, um bis dorthin zurückzulaufen, das Fell vom Leib mir schinden müßte, um durchzukommen. Offen gesprochen, so gerne ich auch Bilder wähle für diese Dinge, offen gesprochen: Ihr Affentum, meine Herren, soferne Sie etwas Derartiges hinter sich haben, kann Ihnen nicht ferner sein als mir das meine. An der Ferse aber kitzelt es jeden, der hier auf Erden geht: den kleinen Schimpansen wie den großen Achilles.

In eingeschränktestem Sinn aber kann ich doch vielleicht Ihre Anfrage beantworten und ich tue es sogar mit großer Freude. Das erste, was ich lernte, war: den Handschlag geben; Handschlag bezeugt Offenheit; mag nun heute, wo ich auf dem Höhepunkte meiner Laufbahn stehe, zu jenem ersten Handschlag auch das offene Wort hinzukommen. Es wird für die Akademie nichts wesentlich Neues beibringen und weit hinter dem zurückbleiben, was man von mir verlangt hat und was ich beim besten Willen nicht sagen kann – immerhin, es soll die Richtlinie zeigen, auf welcher ein gewesener Affe in die Menschenwelt eingedrungen ist und sich dort festgesetzt hat. Doch dürfte ich selbst das Geringfügige, was folgt, gewiß nicht sagen, wenn ich meiner nicht völlig sicher wäre und meine Stellung auf allen großen Varietébühnen der zivilisierten Welt sich nicht bis zur Unerschütterlichkeit gefestigt hätte:

Ich stamme von der Goldküste. Darüber, wie ich eingefangen wurde, bin ich auf fremde Berichte angewiesen. Eine Jagdexpedition der Firma Hagenbeck – mit dem Führer habe ich übrigens seither schon manche gute Flasche Rotwein geleert – lag im Ufergebüsch auf dem Anstand, als ich am Abend inmitten eines Rudels zur Tränke lief. Man schoß; ich war der einzige, der getroffen wurde; ich bekam zwei Schüsse.

Einen in die Wange; der war leicht; hinterließ aber

eine große ausrasierte rote Narbe, die mir den widerlichen, ganz und gar unzutreffenden, förmlich von einem Affen erfundenen Namen Rotpeter eingetragen hat, so als unterschiede ich mich von dem unlängst krepierten, hie und da bekannten, dressierten Affentier Peter nur durch den roten Fleck auf der Wange. Dies nebenbei.

Der zweite Schuß traf mich unterhalb der Hüfte. Er war schwer, er hat es verschuldet, daß ich noch heute ein wenig hinke. Letzthin las ich in einem Aufsatz irgendeines der zehntausend Windhunde, die sich in den Zeitungen über mich auslassen: meine Affennatur sei noch nicht ganz unterdrückt; Beweis dessen sei, daß ich, wenn Besucher kommen, mit Vorliebe die Hosen ausziehe, um die Einlaufstelle jenes Schusses zu zeigen. Dem Kerl sollte jedes Fingerchen seiner schreibenden Hand einzeln weggeknallt werden. Ich, ich darf meine Hosen ausziehen, vor wem es mir beliebt; man wird dort nichts finden als einen wohlgepflegten Pelz und die Narbe nach einem – wählen wir hier zu einem bestimmten Zwecke ein bestimmtes Wort, das aber nicht mißverstanden werden wolle – die Narbe nach einem frevelhaften Schuß. Alles liegt offen zutage; nichts ist zu verbergen; kommt es auf Wahrheit an, wirft jeder Großgesinnte die allerfeinsten Manieren ab. Würde dagegen jener Schreiber die Hosen ausziehen, wenn Besuch kommt, so hätte dies allerdings ein anderes Ansehen und ich will es als Zeichen der Vernunft gelten lassen, daß er es nicht tut. Aber dann mag er mir auch mit seinem Zartsinn vom Halse bleiben!

Nach jenen Schüssen erwachte ich – und hier beginnt allmählich meine eigene Erinnerung – in einem Käfig im Zwischendeck des Hagenbeckschen Dampfers. Es war kein vierwandiger Gitterkäfig; vielmehr waren nur drei Wände an eine Kiste festgemacht; die

Kiste also bildete die vierte Wand. Das Ganze war zu niedrig zum Aufrechtstehen und zu schmal zum Niedersitzen. Ich hockte deshalb mit eingebogenen, ewig zitternden Knien, und zwar, da ich zunächst wahrscheinlich niemanden sehen und immer nur im Dunkel sein wollte, zur Kiste gewendet, während sich mir hinten die Gitterstäbe ins Fleisch einschnitten. Man hält eine solche Verwahrung wilder Tiere in der allerersten Zeit für vorteilhaft, und ich kann heute nach meiner Erfahrung nicht leugnen, daß dies im menschlichen Sinn tatsächlich der Fall ist.

Daran dachte ich aber damals nicht. Ich war zum erstenmal in meinem Leben ohne Ausweg; zumindest geradeaus ging es nicht; geradeaus vor mir war die Kiste, Brett fest an Brett gefügt. Zwar war zwischen den Brettern eine durchlaufende Lücke, die ich, als ich sie zuerst entdeckte, mit dem glückseligen Heulen des Unverstandes begrüßte, aber diese Lücke reichte bei weitem nicht einmal zum Durchstecken des Schwanzes aus und war mit aller Affenkraft nicht zu verbreitern.

Ich soll, wie man mir später sagte, ungewöhnlich wenig Lärm gemacht haben, woraus man schloß, daß ich entweder bald eingehen müsse oder daß ich, falls es mir gelingt, die erste kritische Zeit zu überleben, sehr dressurfähig sein werde. Ich überlebte diese Zeit. Dumpfes Schluchzen, schmerzhaftes Flöhesuchen, müdes Lecken einer Kokosnuß, Beklopfen der Kistenwand mit dem Schädel, Zungen-Blecken, wenn mir jemand nahekam, – das waren die ersten Beschäftigungen in dem neuen Leben. In alledem aber doch nur das eine Gefühl: kein Ausweg. Ich kann natürlich das damals affenmäßig Gefühlte heute nur mit Menschenworten nachzeichnen und verzeichne es infolgedessen, aber wenn ich auch die alte Affenwahrheit nicht mehr erreichen kann, wenigstens in der Richtung meiner Schilderung liegt sie, daran ist kein Zweifel.

Ich hatte doch so viele Auswege bisher gehabt und nun keinen mehr. Ich war festgerannt. Hätte man mich angenagelt, meine Freizügigkeit wäre dadurch nicht kleiner geworden. Warum das? Kratz dir das Fleisch zwischen den Fußzehen auf, du wirst den Grund nicht finden. Drück dich hinten gegen die Gitterstange, bis sie dich fast zweiteilt, du wirst den Grund nicht finden. Ich hatte keinen Ausweg, mußte mir ihn aber verschaffen, denn ohne ihn konnte ich nicht leben. Immer an dieser Kistenwand – ich wäre unweigerlich verreckt. Aber Affen gehören bei Hagenbeck an die Kistenwand – nun, so hörte ich auf, Affe zu sein. Ein klarer, schöner Gedankengang, den ich irgendwie mit dem Bauch ausgeheckt haben muß, denn Affen denken mit dem Bauch.

Ich habe Angst, daß man nicht genau versteht, was ich unter Ausweg verstehe. Ich gebrauche das Wort in seinem gewöhnlichsten und vollsten Sinn. Ich sage absichtlich nicht Freiheit. Ich meine nicht dieses große Gefühl der Freiheit nach allen Seiten. Als Affe kannte ich es vielleicht und ich habe Menschen kennen gelernt, die sich danach sehnen. Was mich aber anlangt, verlangte ich Freiheit weder damals noch heute. Nebenbei: mit Freiheit betrügt man sich unter Menschen allzuoft. Und so wie die Freiheit zu den erhabensten Gefühlen zählt, so auch die entsprechende Täuschung zu den erhabensten. Oft habe ich in den Varietés vor meinem Auftreten irgendein Künstlerpaar oben an der Decke an Trapezen hantieren sehen. Sie schwangen sich, sie schaukelten, sie sprangen, sie schwebten einander in die Arme, einer trug den anderen an den Haaren mit dem Gebiß. »Auch das ist Menschenfreiheit«, dachte ich, »selbstherrliche Bewegung.« Du Verspottung der heiligen Natur! Kein Bau würde standhalten vor dem Gelächter des Affentums bei diesem Anblick.

Nein, Freiheit wollte ich nicht. Nur einen Ausweg;

rechts, links, wohin immer; ich stellte keine anderen Forderungen; sollte der Ausweg auch nur eine Täuschung sein; die Forderung war klein, die Täuschung würde nicht größer sein. Weiterkommen, weiterkommen! Nur nicht mit aufgehobenen Armen stillestehn, angedrückt an eine Kistenwand.

Heute sehe ich klar: ohne größte innere Ruhe hätte ich nie entkommen können. Und tatsächlich verdanke ich vielleicht alles, was ich geworden bin, der Ruhe, die mich nach den ersten Tagen dort im Schiff überkam. Die Ruhe wiederum aber verdankte ich wohl den Leuten vom Schiff.

Es sind gute Menschen, trotz allem. Gerne erinnere ich mich noch heute an den Klang ihrer schweren Schritte, der damals in meinem Halbschlaf widerhallte. Sie hatten die Gewohnheit, alles äußerst langsam in Angriff zu nehmen. Wollte sich einer die Augen reiben, so hob er die Hand wie ein Hängegewicht. Ihre Scherze waren grob, aber herzlich. Ihr Lachen war immer mit einem gefährlich klingenden, aber nichts bedeutenden Husten gemischt. Immer hatten sie im Mund etwas zum Ausspeien und wohin sie ausspieen war ihnen gleichgültig. Immer klagten sie, daß meine Flöhe auf sie überspringen; aber doch waren sie mir deshalb niemals ernstlich böse; sie wußten eben, daß in meinem Fell Flöhe gedeihen und daß Flöhe Springer sind; damit fanden sie sich ab. Wenn sie dienstfrei waren, setzten sich manchmal einige im Halbkreis um mich nieder; sprachen kaum, sondern gurrten einander nur zu; rauchten, auf Kisten ausgestreckt, die Pfeife; schlugen sich aufs Knie, sobald ich die geringste Bewegung machte; und hie und da nahm einer einen Stecken und kitzelte mich dort, wo es mir angenehm war. Sollte ich heute eingeladen werden, eine Fahrt auf diesem Schiffe mitzumachen, ich würde die Einladung gewiß ablehnen, aber ebenso gewiß ist, daß es nicht nur häßliche Erinnerungen sind, denen ich dort im Zwischendeck nachhängen könnte.

Die Ruhe, die ich mir im Kreise dieser Leute erwarb, hielt mich vor allem von jedem Fluchtversuch ab. Von heute aus gesehen scheint es mir, als hätte ich zumindest geahnt, daß ich einen Ausweg finden müsse, wenn ich leben wolle, daß dieser Ausweg aber nicht durch Flucht zu erreichen sei. Ich weiß nicht mehr, ob Flucht möglich war, aber ich glaube es; einem Affen sollte Flucht immer möglich sein. Mit meinen heutigen Zähnen muß ich schon beim gewöhnlichen Nüsseknacken vorsichtig sein, damals aber hätte es mir wohl im Lauf der Zeit gelingen müssen, das Türschloß durchzubeißen. Ich tat es nicht. Was wäre damit auch gewonnen gewesen? Man hätte mich, kaum war der Kopf hinausgesteckt, wieder eingefangen und in einen noch schlimmeren Käfig gesperrt; oder ich hätte mich unbemerkt zu anderen Tieren, etwa zu den Riesenschlangen mir gegenüber flüchten können und mich in ihren Umarmungen ausgehaucht; oder es wäre mir gar gelungen, mich bis aufs Deck zu stehlen und über Bord zu springen, dann hätte ich ein Weilchen auf dem Weltmeer geschaukelt und wäre ersoffen. Verzweiflungstaten. Ich rechnete nicht so menschlich, aber unter dem Einfluß meiner Umgebung verhielt ich mich so, wie wenn ich gerechnet hätte.

Ich rechnete nicht, wohl aber beobachtete ich in aller Ruhe. Ich sah diese Menschen auf und ab gehen, immer die gleichen Gesichter, die gleichen Bewegungen, oft schien es mir, als wäre es nur einer. Dieser Mensch oder diese Menschen gingen also unbehelligt. Ein hohes Ziel dämmerte mir auf. Niemand versprach mir, daß, wenn ich so wie sie werden würde, das Gitter aufgezogen werde. Solche Versprechungen für scheinbar unmögliche Erfüllungen werden nicht gegeben. Löst man aber die Erfüllungen ein, erscheinen nachträglich auch die Versprechungen genau dort, wo man sie früher vergeblich gesucht hat. Nun war an diesen Menschen an sich nichts, was mich sehr verlockte. Wäre ich ein Anhänger jener erwähnten Freiheit, ich hätte gewiß das Weltmeer dem Ausweg vorgezogen, der sich mir im trüben Blick dieser Menschen zeigte. Jedenfalls aber beobachtete ich sie schon lange vorher, ehe ich an solche Dinge dachte, ja, die angehäuften Beobachtungen drängten mich erst in die bestimmte Richtung.

Es war so leicht, die Leute nachzuahmen. Spucken konnte ich schon in den ersten Tagen. Wir spuckten einander dann gegenseitig ins Gesicht; der Unterschied war nur, daß ich mein Gesicht nachher reinleckte, sie ihres nicht. Die Pfeife rauchte ich bald wie ein Alter; drückte ich dann auch noch den Daumen in den Pfeifenkopf, jauchzte das ganze Zwischendeck; nur den Unterschied zwischen der leeren und der gestopften Pfeife verstand ich lange nicht.

Die meiste Mühe machte mir die Schnapsflasche. Der Geruch peinigte mich; ich zwang mich mit allen Kräften; aber es vergingen Wochen, ehe ich mich überwand. Diese inneren Kämpfe nahmen die Leute merkwürdigerweise ernster als irgend etwas sonst an mir. Ich unterscheide die Leute auch in meiner Erinnerung nicht, aber da war einer, der kam immer wieder, allein oder mit Kameraden, bei Tag, bei Nacht, zu den verschiedensten Stunden; stellte sich mit der Flasche vor mich hin und gab mir Unterricht. Er begriff mich nicht, er wollte das Rätsel meines Seins lösen. Er entkorkte langsam die Flasche und blickte mich dann an, um zu prüfen, ob ich verstanden habe; ich gestehe, ich sah ihm immer mit wilder, mit überstürzter Aufmerksamkeit zu; einen solchen Menschenschüler findet kein Menschenlehrer auf dem ganzen Erdenrund; nachdem die Flasche entkorkt war, hob er sie zum Mund; ich mit meinen Blicken ihm nach bis in die Gurgel; er nickt, zufrieden mit mir, und setzt die Flasche an die Lippen; ich, entzückt von allmählicher Erkenntnis, kratze mich quietschend der Länge und Breite nach, wo es sich trifft; er freut sich, setzt die Flasche an und macht einen Schluck; ich, ungeduldig und verzweifelt, ihm nachzueifern, verunreinige mich in meinem Käfig, was wieder ihm große Genugtuung macht; und nun weit die Flasche von sich streckend und im Schwung sie wieder hinaufführend, trinkt er sie, übertrieben lehrhaft zurückgebeugt, mit einem Zuge leer. Ich, ermattet von allzugroßem Verlangen, kann nicht mehr folgen und hänge schwach am Gitter, während er den theoretischen Unterricht damit beendet, daß er sich den Bauch streicht und grinst.

Nun erst beginnt die praktische Übung. Bin ich nicht schon allzu erschöpft durch das Theoretische? Wohl, allzu erschöpft. Das gehört zu meinem Schicksal. Trotzdem greife ich, so gut ich kann, nach der hingereichten Flasche; entkorke sie zitternd; mit dem Gelingen stellen sich allmählich neue Kräfte ein; ich hebe die Flasche, vom Original schon kaum zu unterscheiden; setze sie an und – und werfe sie mit Abscheu, mit Abscheu, trotzdem sie leer ist und nur noch der Geruch sie füllt, werfe sie mit Abscheu auf den Boden. Zur Trauer meines Lehrers, zur größeren Trauer meiner selbst; weder ihn, noch mich versöhne ich dadurch, daß ich auch nach dem Wegwerfen der Flasche nicht vergesse, ausgezeichnet meinen Bauch zu streichen und dabei zu grinsen.

Allzuoft nur verlief so der Unterricht. Und zur Ehre meines Lehrers: er war mir nicht böse; wohl hielt er mir manchmal die brennende Pfeife ans Fell, bis es irgendwo, wo ich nur schwer hinreichte, zu glimmen anfing, aber dann löschte er es selbst wieder mit seiner riesigen guten Hand; er war mir nicht böse, er sah ein, daß wir auf der gleichen Seite gegen die Affennatur kämpften und daß ich den schwereren Teil hatte.

Was für ein Sieg dann allerdings für ihn wie für mich, als ich eines Abends vor großem Zuschauerkreis – vielleicht war ein Fest, ein Grammophon spielte, ein Offizier erging sich zwischen den Leuten – als ich an diesem Abend, gerade unbeachtet, eine vor meinem Käfig versehentlich stehen gelassene Schnapsflasche ergriff, unter steigender Aufmerksamkeit der Gesellschaft sie schulgerecht entkorkte, an den Mund setzte und ohne zu Zögern, ohne Mundverziehen, als Trinker von Fach, mit rund gewälzten Augen, schwappender Kehle, wirklich und wahrhaftig leer trank; nicht mehr als Verzweifelter, sondern als Künstler die Flasche hinwarf; zwar vergaß den Bauch zu streichen; dafür aber, weil ich nicht anders konnte, weil es mich drängte, weil mir die Sinne rauschten, kurz und gut »Hallo!« ausrief, in Menschenlaut ausbrach, mit diesem Ruf in die Menschengemeinschaft sprang und ihr Echo: »Hört nur, er spricht!« wie einen Kuß auf meinem ganzen schweißtriefenden Körper fühlte.

Ich wiederhole: es verlockte mich nicht, die Menschen nachzuahmen; ich ahmte nach, weil ich einen Ausweg suchte, aus keinem anderen Grund. Auch war mit jenem Sieg noch wenig getan. Die Stimme versagte mir sofort wieder; stellte sich erst nach Monaten ein; der Widerwille gegen die Schnapsflasche kam sogar noch verstärkter. Aber meine Richtung allerdings war mir ein für allemal gegeben.

Als ich in Hamburg dem ersten Dresseur übergeben wurde, erkannte ich bald die zwei Möglichkeiten, die mir offen standen: Zoologischer Garten oder Varieté. Ich zögerte nicht. Ich sagte mir: setze alle Kraft an, um ins Varieté zu kommen; das ist der Ausweg; Zoologischer Garten ist nur ein neuer Gitterkäfig, kommst du in ihn, bist du verloren.

Und ich lernte, meine Herren! Ach, man lernt, wenn man muß; man lernt, wenn man einen Ausweg will; man lernt rücksichtslos. Man beaufsichtigt sich selbst mit der Peitsche; man zerfleischt sich beim geringsten Widerstand. Die Affennatur raste, sich überkugelnd, aus mir hinaus und weg, so daß mein erster Lehrer selbst davon fast äffisch wurde, bald den Unterricht aufgeben und in eine Heilanstalt gebracht werden mußte. Glücklicherweise kam er bald wieder hervor.

Aber ich verbrauchte viele Lehrer, ja sogar einige Lehrer gleichzeitig. Als ich meiner Fähigkeiten schon sicherer geworden war, die Öffentlichkeit meinen Fortschritten folgte, meine Zukunft zu leuchten begann, nahm ich selbst Lehrer auf, ließ sie in fünf aufeinanderfolgenden Zimmern niedersetzen und lernte bei allen zugleich, indem ich ununterbrochen aus einem Zimmer ins andere sprang.

Diese Fortschritte! Dieses Eindringen der Wissensstrahlen von allen Seiten ins erwachende Hirn! Ich leugne nicht: es beglückte mich. Ich gestehe aber auch ein: ich überschätzte es nicht, schon damals nicht, wieviel weniger heute. Durch eine Anstrengung, die sich bisher auf der Erde nicht wiederholt hat, habe ich die Durchschnittsbildung eines Europäers erreicht. Das wäre an sich vielleicht gar nichts, ist aber insofern doch etwas, als es mir aus dem Käfig half und mir diesen besonderen Ausweg, diesen Menschenausweg verschaffte. Es gibt eine ausgezeichnete deutsche Redensart: sich in die Büsche schlagen; das habe ich getan, ich habe mich in die Büsche geschlagen. Ich hatte keinen anderen Weg, immer vorausgesetzt, daß nicht die Freiheit zu wählen war.

Überblicke ich meine Entwicklung und ihr bisheriges Ziel, so klage ich weder, noch bin ich zufrieden. Die Hände in den Hosentaschen, die Weinflasche auf dem Tisch, liege ich halb, halb sitze ich im Schaukel-stuhl und schaue aus dem Fenster. Kommt Besuch, empfange ich ihn, wie es sich gebührt. Mein Impresario sitzt im Vorzimmer; läute ich, kommt er und hört, was ich zu sagen habe. Am Abend ist fast immer Vorstellung, und ich habe wohl kaum mehr zu steigernde Erfolge. Komme ich spät nachts von Banketten, aus wissenschaftlichen Gesellschaften, aus gemütlichem Beisammensein nach Hause, erwartet mich eine kleine halbdressierte Schimpansin und ich lasse es mir nach Affenart bei ihr wohlgehen. Bei Tag will ich sie nicht sehen; sie hat nämlich den Irrsinn des verwirrten dressierten Tieres im Blick; das erkenne nur ich und ich kann es nicht ertragen.

Im Ganzen habe ich jedenfalls erreicht, was ich erreichen wollte. Man sage nicht, es wäre der Mühe nicht wert gewesen. Im übrigen will ich keines Menschen Urteil, ich will nur Kenntnisse verbreiten, ich berichte nur, auch Ihnen, hohe Herren von der Akademie, habe ich nur berichtet.

HUGO LOETSCHER

Der Affe in der Rakete

Er hatte am schnellsten begriffen, wann und warum man einen Hebel drückt. Damit hatte er die acht Konkurrenten ausgeschaltet. Auch den Makak aus Java, der einen viel längeren Schwanz hatte, der sich aber nicht für Hebel interessierte, sondern vor lauter Betrachten des eigenen Schwanzes vor dem Schaltbrett verhungert wäre. Ebenso schied gleich anfangs der Makak aus Ceylon aus. Der besaß zwar auch einen Schwanz, den er über den Boden schleifte, doch kümmerte er sich nicht um diesen, sondern um die Frisur, die er wie einen Hut über der gerunzelten Stirn trug. So fand das Stechen unter Seinesgleichen statt, unter lauter stämmig gebauten Typen von Schmalnasen, geschlechtsreifen Kerlen, die nebeneinander in ihrem gelb-oliv-braunen Fell uniformiert wirkten und die unter ihren Augenwülsten finster dreinschauten. Die meisten Rhesusaffen waren in Zoologischen Gärten der verschiedensten Regionen rekrutiert worden. Auch er, der den Sieg davontrug, hatte einen Sommer damit verbracht, Zoobesuchern zuzuschauen, wie sie hinter Gittern standen und ihn nachäfften, doch hatte er aus dem Blutspendedienst für Kinderspitäler ins Trainingslager gewechselt. Seine Familie turnte nach wie vor in Indien, an einem Tempel, kletterte über Brüste und Schenkel von Figuren, die sich umarmten, bewarf Pilger mit den Schalen der Nüßchen, die man ihnen schenkte, naschte an den Kiosken, stahl im Wallfahrtsbüro Akten und Bleistifte und lauste sich auf den Stu-

fen zum Heiligtum. Doch solche Turn- und Kletterkün-
ste, vom Giebel auf eine Palme zu hüpfen und von dieser auf die nächste und von dort auf ein Wagendach,
einen Sonnenschirm oder einen Turban, nutzten ihm
nichts in der ›Biologischen Abteilung für kosmische
Fernerkundung‹. Er hatte zunächst einen schweren
Stand gegen den Favoriten mit Laborerfahrungen an
der Universität. Dieser hatte schon im ersten Semester
realisiert, daß man für einen Geldschein zwei Bananen
kriegt statt bloß eine wie für eine Münze, deswegen
entschied er sich für den Geldschein, wenn man ihm
beides zur Wahl hinhielt, und daher war ihm Nähe zur
menschlichen Intelligenz attestiert worden. Doch der
Favorit schien sich ein für allemal mit seinem Geld-
schein-Bananentest zufriedenzugeben. Er war für sein
Geschäft auf Akademiker und Wärter angewiesen
und nicht willens, sich in Selbstversorgung zu üben
und dafür einen Schalthebel zu bedienen. Zwar hatte
auch der Favorit beim Herumpöbeln den Hebel richtig
betätigt, doch als es aus der Saftleitung spritzte, sprang
er beiseite und schüttelte den genäßten Kopf. Und als
er dem Schaltbrett den Rücken zukehrte und den Hebeln seine geröteten Gesäßschwielen zeigte, wurde er
disqualifiziert und an die Hochschule zurückgeschickt.
Der, welcher den Sieg davontrug, mußte nur noch gegen einen Finalisten antreten, der, ebenso gelehrig und
angriffig, sich darauf eingestellt hatte, daß Nahrungs-
suche eine Operatoren-Tätigkeit war, daß es zwischen
Hebel und Mundstück einen Zusammenhang gab, daß
man den Hagebuttensaft, der aus dem Mundstück
kam, gleich auffangen mußte, weil dieser nur fünfzig
Sekunden floß, daß es aber nur sinnvoll war, den Hebel zu betätigen, wenn gleichzeitig ein Lämpchen auf-
leuchtete, daß es zudem zwei Lämpchen gab, eines für
den Fußhebel und eines für den Handhebel. Soweit
waren sich die beiden in ihrer Fingerfertigkeit und

Auffassungsgabe ebenbürtig. Doch der, welcher am Ende für die Mission ausersehen wurde, hatte darüber hinaus im Differentialtest begriffen, daß auch ein Lämpchen aufleuchten konnte, auf das es nicht zu reagieren galt. Damit bewies er einen hohen Intelligenzquotienten, da ihm einleuchtete, daß man hochkomplizierte Vorgänge auslösen kann, die keinerlei Bedeutung haben. Also erfüllte er alle Voraussetzungen für eine Reise ins Weltall, auch wenn sein erster Flug am Boden in einem Simulator stattfand. Bevor er die richtige Rakete bestieg, posierte er auf dem Starttisch mit dem Wärter an der Hand für die Photoreporter und ein Fernsehteam. Er ging nicht allein an Bord. In einem hermetisch verschlossenen Aquarium wurden Guppies mitgeschickt, nicht Ziermännchen, sondern schlichte Weibchen, die hatten kein Training hinter sich, sondern waren lediglich befruchtet worden, da sie während der Erdumkreisung Junge zur Welt bringen sollten. Auch die Rattenweibchen, die mitfuhren, waren trächtig. Sie alle wurden im hinteren Teil der Rakete untergebracht. Er aber, der Primat, saß vorn in der Kapsel auf dem Kommandoposten, auch wenn alle Befehle von der Bodenstation aus erfolgten. Bevor sie ihn auf dem Kommandosessel installierten, hatte er in einem unbewachten Moment an einem Schaltbrett herumgefingert, das nicht das seine war, und er hatte die Knöpfe für ›Stop‹ und ›Alarmstufe Zwei‹ ausprobiert. Als sie ihn festschnallten, meinten sie, der Affe wehre sich, doch er wollte sich vorher lediglich noch einmal ausführlich und überall kratzen. Dann zogen sie die Riemen fest und fixierten für die verschiedenen Elektrogramme Elektroden. Sie implantierten eine in die Halsschlagader wegen des Blutdrucks und des Blutflusses, eine setzten sie auf die Brust und eine auf den Kopf für die Messung der Hirnströme. Arme und Beine ließen sie soweit frei, daß er die Hebel betätigen konnte. Zuletzt richteten sie den Kopfhalter und kontrollierten noch einmal die Kamera über ihm, die filmte, ab wann und wie intensiv und wie lange er sein Programm absolvierte. So ausgerüstet wartete er, bis sie rückwärts zählten und die Rakete zündeten. Er stieg auf seinem Kommandositz senkrecht hoch, weg aus einer Luft, auf die Hoheitsansprüche geltend gemacht werden, hinein in einen noch freien Weltraum, auf eine Flugbahn, die korrigiert werden mußte. Die Gesichtspartie leicht angeschwollen, war er unterwegs in einem Himmel, in dem einst Gott und Götter gewohnt hatten, die Erde mit all ihrer Schwere hinter sich und vor sich ein Schaltbrett mit Hebeln, Lämpchen und Mundstück.

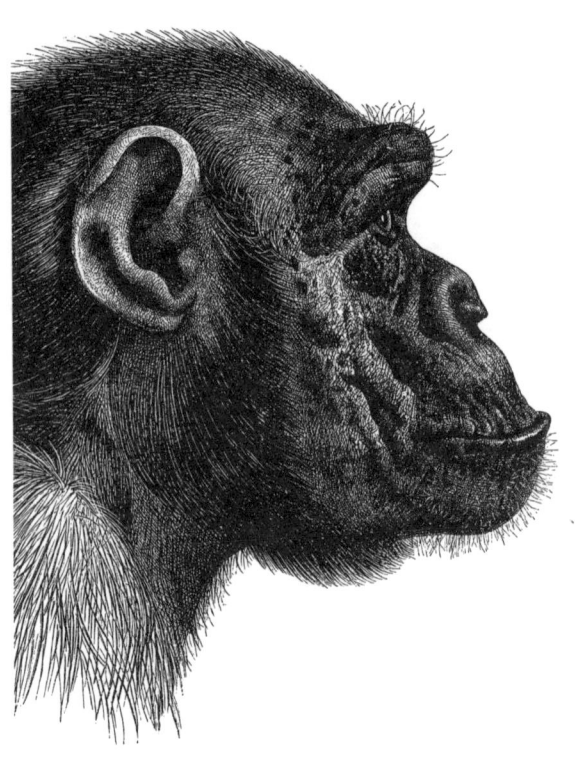

Der Affe in der Literatur

In der griechischen Mythologie konnte der Seher Me-
lámpus mit den Tieren sprechen. Schlangen leckten
ihm im Schlaf die Ohren, so daß er nach dem Erwa-
chen die Tiersprache verstand.

Die abendländische Kultur sieht in der Sprache
den wesentlichen Unterschied zwischen Mensch und
Tier. Der Besitz der Sprache gibt dem Menschen die
moralische Autorität, sich dem Rest der Natur über-
legen zu fühlen. Aufgrund seiner Sprachfähigkeit gilt
der Mensch als kulturell höherstehendes Wesen.

Im »Handwörterbuch des deutschen Aberglau-
bens« ist unter dem Stichwort »Affe« nachzulesen:
»Der Volksglaube sagt, Affen seien von Gott ver-
wünschte Menschen. In deutschen Volkssagen erscheinen Geister öfter in Affengestalt, insbesondere
der Teufel. Nach Schweizerlegenden kommen Jungge-
sellen nach dem Tod in den ›Affenwald‹, das heißt, sie
sind verwünscht. Während aber in der Antike der
Affe in Volksmedizin und Zauber eine bedeutende
Rolle spielt, findet sich davon im deutschen Aberglau-
ben nichts.«

In altdeutschen Texten, etwa den »Physiologus«-
Handschriften und zahlreichen Bestiarien wird der
Affe mit dem Teufel gleichgesetzt. Bis ins späte 13. Jahrhundert ist er ein beliebtes Subjekt für theologische
Spekulationen. Erst nach der Entdeckung des Menschenaffen im 16. Jahrhundert wird er volkstümlicher
und zieht in den Jahrmarktstrossen mit, an der Seite
der Possenreißer.

Die Zoologie des 17. und 18. Jahrhunderts beschreibt den Orang-Utan wie einen Menschen, der nach dem Sündenfall einen noch tieferen Sturz getan hat als der Homo sapiens.

Der holländische Arzt Jacob Bontius, einer der Zuträger für Georges de Buffons berühmte »Naturgeschichte« (1749–1808), zitiert die Javanesen, die behaupten, »diese Tiere könnten sprechen, hüteten sich jedoch es zu tun, aus Angst, man könne sie zur Arbeit zwingen«.

In der abendländischen Literatur kann der Affe vor allem in Fabeln und Märchen sprechen und vernünftig sein. Seine große Kunst ist die der Nachahmung. Gotthold Ephraim Lessing und Jean de La Fontaine stellen in ihren mit Affen bevölkerten Sinngedichten und Fabeln das Thema der Nachahmung, des »Nachäffens« in den Mittelpunkt. Beide ironisieren dabei auch den eigenen Beruf, die Arbeit des Schriftstellers. Bei Lessing heißt es in der Fabel *Der Affe und der Fuchs:* » ›Nenne mir ein so geschicktes Tier, dem ich nicht nachahmen könnte!‹ so prahlte der Affe gegen den Fuchs. Der Fuchs aber erwiderte: ›Und du, nenne mir ein so geringschätziges Tier, dem es einfallen könnte, dir nachzuahmen.‹ Schriftsteller meiner Nation! – Muß ich mich noch deutlicher erklären?«

Auch Jean de La Fontaine verweist in seiner Fabel *Der Affe* auf die Möglichkeit, literarische Sprache zum »Nachäffen« zu verwenden: »Von dem Nachäffervolk kam nimmer Gutes noch, / mag's Affe sein, mag's Bücher schreiben; / Schriftsteller sind die schlimmsten doch.«

Während in Fabeln der sprechende Affe zum Vergleich und zur Parodie herangezogen wird, lehrt man in dem Märchen *Der Affe als Mensch* von Wilhelm Hauff einen Orang-Utan die Manieren der guten Gesellschaft und auch die deutsche Sprache, die er schließlich gebrochen beherrscht und am Ende wieder verweigert.

Dem von der Firma Hagenbeck eingefangenen Affen hingegen gelingt von vornherein nur ein problematisches Sprechen, das Leerstellen andeutet: »Ich kann natürlich das damals affenmäßig Gefühlte heute nur mit Menschenworten nachzeichnen«, klagt der Ich-Erzähler in Franz Kafkas *Ein Bericht an eine Akademie*. Die Sprache und damit verbundene Kulturfähigkeit des Menschen werden hier als Mangel definiert. Kafkas Affe ahmt die Menschen nach, weil es sein einziger Ausweg ist, am Leben der zivilisierten Öffentlichkeit teilzunehmen.

Der Affe ähnelt dem Menschen soweit, daß sich identifikatorische Momente ergeben. Das macht ihn als Tierfigur interessanter als andere Tiere. Nicht immer muß er sich den Gesetzen der Vernunft beugen. Er darf auch wild sein, brutal, böse, rücksichtslos.

In *Die Geschichte von der Prinzessin und dem Affen*, eine der »Erzählungen aus den Tausendundein Nächten«, bringt es nur ein Affe mit seiner Potenz und Rücksichtslosigkeit fertig, der niemals endenden Lust der Prinzessin zu entsprechen. Der Affe ist die wilde Sexualität und das brutale Böse. Edgar Allan Poe läßt in *Doppelmord in der Rue Morgue* den grausamen Mord an zwei Frauen von einem Orang-Utan begehen.

Robert Musils Erzählung *Die Affeninsel* handelt von einem Affenkönig, der auf einer Insel haust und tyrannisch das arme Affenvolk verfolgen und verhungern läßt.

Aber nicht immer ist der Affe der Schuldige, Böse. Er ist auch ein Verwandlungskünstler, ein geheimnisumwobenes Tier auf dem Weg zum Menschsein. Oder auch umgekehrt: zuerst Mensch, dann Affe.

In vielen Mythen – wie Claude Lévi-Strauss in

»Der nackte Mensch« zeigte – besetzen die Affen einen doppeldeutigen Ort. Oft sind sie ein Zwischenstadium in der Entwicklungsgeschichte des Menschen: Bevor sie Affen waren, sind sie wie die Menschen gewesen. Den Yaruro zufolge stammen die Brüllaffen von Indianern ab, die sich im Laufe der großen Sintflut in diese Tiere verwandelten. Für die Guarayo vom Rio Madre de Dios stammt die Erdschildkröte vom Affen und der Affe vom Menschen ab. Alle diese Tiere sprechen Dialekte, in denen sich die Merkmale der natürlichen und sozialen Umwelt widerspiegeln. Die Tukuna vom Rio Solimoes zwischen Kolumbien und Brasilien schreiben den Nachtaffen den Ursprung der Sterne zu. Der Affe bewarf das dichte Blattwerk des großen Baumes mit den Schalen der Früchte, die er aß, und durchlöcherte es so an Tausenden von Stellen, die daraufhin das Licht durchließen. In der südamerikanischen Bororo-Mythologie wird dem Affen die Erfindung des Feuerbohrers zugeschrieben. Der Bororo-Mythos von der Erfindung des »kulturellen Feuers« transformiert die Mythen vom Raub des natürlichen Feuers. Hier wird dem Affen sogar die Beschaffung des Feuers mittels eines Instrumentes zugetraut, wohl – so mutmaßt Lévi-Strauss – da ihn die physische Ähnlichkeit mit dem Menschen in dessen Nähe rückt.

In asiatischen Kulturkreisen repräsentiert der Affe das Wunderbare, die Weisheit in Verbindung mit Sprache und Schrift. Von Hanuman, dem indischen Affenkönig, wird im Ramayana erzählt, er sei mit einem Sprung von Indien nach Ceylon gelangt. Er war kräftig, konnte Bäume ausreißen und die Berge des Himalaya versetzen. Und sprechen. Octavio Paz gilt Hanuman, der Affe mit Sprachfähigkeit, als einsames Geschöpf: »In den Schluchten des Weges von Galta erscheint und verschwindet der ›sprachgelehrte Affe‹:

das Monogramm des unter seinesgleichen verlorenen Affen.«

In der chinesischen Legende »Monkeys Pilgerfahrt«, die Wu Ch'eng-en im 16. Jahrhundert niederschrieb, personifiziert der Affe die ewige Unruhe des Genies. Monkey, der begnadete Affe, kann lesen, schreiben, sprechen, Wunder vollbringen. Er ist aus einem göttlichen Felsen geboren.

Im 18. Jahrhundert ist man auch in Europa auf der Suche nach dem Ort möglicher geistiger Fähigkeit des Affen. »Wo ist am Affen die Stirn des Menschen – wenn das Haar durchgekämmt ist?« Die Frage stellt sich der Schweizer Dichter und Theologe Lavater, Verfasser der vier Bände »Physiognomische Fragmente« (Leipzig und Winterthur, 1775–1778), an deren Entstehung auch Goethe aktiv mitgearbeitet haben soll.

Leopold von Sacher-Masoch berichtet in seiner Erzählung *Diderot in Petersburg* die erniedrigende Geschichte von Diderot, der sich in Petersburg in die Kaiserin Katharina II. verliebte und ihre Gunst nur erringen kann, wenn er ihr einen sprechenden Affen vorführt. Der Aufklärungsphilosoph läßt sich in ein Fell einnähen und tritt als sprechender Affe vor die Kaiserin. Der Philosoph im Affengewande, Parodie seiner selbst.

Das Nicht-Sprechen des Affen thematisiert Gustave Flaubert in seinem Jugendwerk »Quidquid volueris«. Das Schweigen selbst wird hier zum verbalen Akt, als Loch in der Sprache. Denn die Unfähigkeit zu sprechen gerät dem Affenmenschen Djalioh, dem Mischling aus einer schwarzen Sklavin und einem Orang-Utan, zum tödlichen Verhängnis. Er liebte die Frau, die seinem Herrn Paul, der ihn großzog, angetraut wird. Eifersucht quält ihn. Aber er kann weder seine Eifersucht noch seine Liebe sprachlich vermitteln. Das ist sein schlimmstes Leiden. Zwei Jahre lang beherrscht er sich. Als die Eifersucht unerträglich wird, zerbeißt Djalioh die geliebte Frau, schlägt ihr Kind tot und tötet sich schließlich auf grausame Weise selbst. Wo gesellschaftliche Regeln außer Kraft treten, dort tritt der Affe ins Blickfeld: Er steht nicht unter dem Zwang der Gefühlsbeherrschung.

Der Affenmensch reproduziert den unüberschreitbaren Gegensatz von Natur und Kultur, von Ausdruck und Benennung. Die erfahrene Liebe will analysiert und benannt werden. Neben der Erwartung, zu empfinden, steht das Bedürfnis, sich auszudrücken. Djalioh, die »Mißgeburt der Natur«, steht seinem Herrn Paul gegenüber, jener »anderen Mißgeburt oder vielmehr jenem Wunder der Zivilisation, das alle ihre Symbole aufwies, Größe des Geistes, Kälte des Herzens«. Jean-Paul Sartre setzte sich in »Der Idiot der Familie« eingehend mit Flauberts Text auseinander. Anhand des Affenmenschen Djalioh gelangte Sartre zu dem Schluß: »Sprache, Analyse, Allgemeinplätze, das ist der Mensch.«

Nach Charles Darwins Schriften – vor allem »Die Abstammung des Menschen«, 1874 erschienen – ändert sich das Bild des Affen auch in der Literatur. Die naturwissenschaftlichen Thesen rücken den Affen in die Nähe des Menschen. Seine Rolle hat sich geändert. Die alten Geschichten über den ungestümen Affen lassen sich nicht mehr so gut erzählen. In den Texten unseres Jahrhunderts verkörpert er nicht mehr das Wilde, Irrationale, Andere. Dem aggressiven Affen wird das Spiegelbild des gezähmten Affen vorgehalten. Was man ihm nun abfordert, ist eine Angleichung an ebenjene Zivilisation, deren Zwänge und Gesetze der Affenmensch Djalioh von Flaubert durchbrach.

Während Flaubert die Sprachlosigkeit behandelte, rückt nun die Sprachfähigkeit des Affen ins Zentrum der literarischen Affendarstellungen: Nach Darwin wird gefragt, wo der Affe aufhört und der Mensch beginnt.

Die große Neuigkeit in unserem Jahrhundert, die auch von der Literatur aufgenommen und verarbeitet wird, ist die prinzipielle Sprachfähigkeit der Affen. Die Schimpansinnen Washoe, Sarah, Lucy bewiesen es als erste: die Affen sprechen. Auf dem Kongreß der »Animal Behavior Society« 1972 wurden ihre sprachlichen Fähigkeiten vorgestellt. Sie revolutionierten die Verhaltensforschung.

Die Erkenntnis, daß Affen sprachfähig sind, führte zur Infragestellung der spezifisch »menschlichen« Identität, die sich durch die zum Spracherwerb nötige Intelligenz legitimierte.

Die Affen werden aufgewertet, sie rücken noch mehr in die Nähe der Menschen und werden als Figuren in einer Komplexität beschrieben, die der der menschlichen Charaktere ähnelt und nicht mehr viel mit der traditionellen Tierdarstellung gemein hat.

In dem 1989 von Hugo Loetscher publizierten Text *Der Affe in der Rakete* wird ein Affe auf andere Weise in den Weltraum geschickt als sein russischer Vorläufer. Er hatte am schnellsten von allen begriffen, »wann und warum man einen Hebel drückt«. Der Affe durchschaut die modernste aller Sprachen: das hochkomplizierte technische Zeichensystem. Die Primatenforschung hatte das Terrain für derartige Phantasien bereitet.

Alles begann in den fünfziger Jahren. Keith und Virginia Hayes machten in Florida mit der Schimpansin Vicky Sprachexperimente. Sie formte zwar Worte mit dem Mund, konnte aber die Stimmbänder nicht beherrschen. Das bemerkte das Ehepaar Gardner und kam so auf die Idee der Taubstummensprache. Das Forscherpaar Beatrice und Allan Gardner nahm im Juni 1966 das weibliche Schimpansenbaby Washoe auf,

um ihm die Taubstummensprache »American Sign Language« (abgekürzt »Ameslan«) beizubringen. Darin entspricht jedem Wort ein mit den Händen oder Fingern geformtes Zeichen.

Als Washoe nach fünf Jahren Nevada verließ, konnte sie 160 Worte, in verschiedensten Kombinationen. Ihr Lehrer, Roger Fouts, Assistent der Gardners, begleitete sie an die Universität Oklahoma. Dort begriff Washoe anfangs nicht, daß die anderen Schimpansen ihre Zeichensprache nicht verstanden. Schließlich gelang es ihr jedoch, einem Dutzend anderer Schimpansen die Zeichensprache beizubringen.

Während Washoe die Taubstummensprache lernte, brachten Ann und David Premack in Santa Barbara in Kalifornien der Schimpansin Sarah eine Sprache bei, die aus einem graphischen System von Wort-Zeichen bestand. Sarah schrieb Nachrichten auf, um zu kommunizieren: Sie ordnete verschiedenfarbige Formen aus Plastik. Dabei bewies sie ein hohes Abstraktionsvermögen und konnte sogar Konditionalsätze bilden. Ann Premack erzählt in der Einleitung zu einem ihrer Hauptwerke »Why Chimps can read« (1976), daß sie den Primatenforscher Roger Fouts in Oklahoma besuchte und beobachtete, wie er Schimpansen Zeichen beibrachte. Unter ihnen war Lucy. Sie ging als erste

Schimpansin, die Emotionen sprachlich ausdrückte, in die Geschichte der Verhaltensforschung ein. Eines Tages, als ihre Adoptivmutter wegging, bedeutete Lucy in ihrer Sprache: »Ich weinen, weinen ich.«

Was das Forscherpaar Premack an Sarah erprobte, griff Peter Dickinson in seinem Roman »Das Giftorakel« auf. Er bezieht sich in diesem Kriminalroman explizit auf die Experimente mit Sarah. Im »Giftorakel« hat die Schimpansin Dinah gelernt, mit Plastiksymbolen Sätze zu bilden. Wie etwa: Weißes Quadrat: »Dinah«. Grüner Kreis mit Loch: »gehen«. Gelb-weißes Quadrat: »Bett«. Ihre sprachlichen Fähigkeiten helfen in dem Roman sogar, den Mord an einem Sultan aufzuklären. Dinah zerrt unmißverständlich am Gewand des Mörders, nachdem ihr der Sprachforscher Morris mit den Plastiksymbolen folgenden Befehl gelegt hatte: »Dinah finden Person weh tun Sultan.« Sie beherrscht auch das Konzept des Relativsatzes. Die Schimpansin, die sprachliche Mitteilungen versteht, Fragen beantwortet, Befehle ausführt, spielt hier eine bedeutende Rolle in der Justizordnung. Der Affe wird zum Detektiv.

Die Sprachexperimente wurden vorrangig mit weiblichen Schimpansen durchgeführt. Und auch die namhafte Primatenforschung ist verbunden mit den Namen von drei Frauen: Diane Fossey, die 1985 auf ungeklärte Weise ermordet wurde, lebte fast zwei Jahrzehnte mit Gorillas im Gebirge von Ruanda. »Gorillas im Nebel. Mein Leben mit den sanften Riesen« nannte sie ihre Autobiographie, in der sie ihre Erfahrungen festhielt, nicht aber literarisch verarbeitete. Berühmt durch ihre Bücher – ebenfalls dokumentarische Erlebnisberichte – wurde Jane Goodall. Die dritte bedeutende Primatenforscherin ist Biruté Galdikas. Sie beobachtet seit 1971 Orang-Utans auf einer Station im Dschungel an der Südküste Borneos. Sie veröffentlicht ihre Forschungsergebnisse ausschließlich im wissenschaftlichen Rahmen und verzichtet auf breitenwirksame Gesamtdarstellungen.

So manches Ergebnis der Primatenforschung aus unserem Jahrhundert nahm ein Autor des 19. Jahrhunderts vorweg, dessen phantastische Schilderungen in vielem technische und naturwissenschaftliche Entwicklungen voraussahen: Jules Verne, der Begründer des modernen utopisch-technischen Abenteuer- und Entdeckerromans. Er entwarf in dem Roman »Das Dorf in den Lüften« ein Konzept sprachbegabter Affen, in dem er von ersten Ansätzen der Primatenforschung ausging: Der Amerikaner Richard Garner begab sich um die Jahrhundertwende als erster in den französischen Kongo, um die Schimpansen und ihre Kommunikation zu beobachten. Die Einheimischen erzählten ihm, daß die Schimpansen Häuser mit Dächern konstruieren.

Aufbauend auf Garners realer Existenz und authentischem Material konstruierte Jules Verne seine Geschichte. Er läßt seinen Doktor Johausen auf den Spuren von Garner im Jahre 1896 nach Afrika aufbrechen und eine Sprachgemeinschaft der Affen gründen. Die Affen, die nach den Regeln einer von Menschenhand entworfenen Kultur leben, werden von Jules Verne als »Affenmenschen« oder »Menschenaffen« bezeichnet. Was der Roman »Das Dorf in den Lüften« zeigt, ist das Phantasiepotential, das allein schon in der vagen Annahme lag, daß Affen sprachfähig sein könnten. Allerdings ist der Text von Jules Verne keineswegs frei von rassistischen Äußerungen. Affen und primitive Volksstämme werden auf die gleiche Stufe gestellt.

In der Gegenwartsliteratur steht der Affe nicht mehr nur für Schrecken und Dummheit. An ihn sind Hoffnungen geknüpft, die Hoffnungen der Sprache der Vernunft. Dem aggressiven Affen wird das Bild des gezähmten Affen vorgehalten. Die Figur des Affen nähert sich in der literarischen Beschreibung dieses Jahrhunderts der menschlichen Figur. Vom undurchschaubaren Fabeltier zum rationalen Wesen. Der Affe ist dem Menschen immer ähnlicher. Nur seine Gestik und Ausdrucksweisen bleiben mißverständlich anders als die des Menschen: Wenn der Affe die Zähne zeigt und die Mundwinkel hochzieht, dann lacht er nicht, dann hat er Angst.

Margit Knapp

Quellenangaben

JEAN DE LA FONTAINE: *Der Affe und der Leopard* in »Die Fabeln« (1668–94) in deutscher und französischer Sprache, Wiesbaden (R. Löwit Verlag) 1979; deutsch von Ernst Dohm.

GOTTHOLD EPHRAIM LESSING: *Auf den Tod eines Affen. Grabschrift auf ebendenselben* (1753) in »Werke« in 8 Bdn., Bd 1 »Gedichte, Fabeln, Lustspiele«, hrsg. v. Herbert G. Göpfert, Darmstadt (Wissenschaftliche Buchgesellschaft) 1996.

GEORG HEYM: *Der Affe* (1911) in »Dichtungen und Schriften in vier Bänden. Bd. 1: Lyrik«, hrsg. v. Karl Ludwig Schneider und Gunter Martens, Hamburg (Ellermann Verlag) 1964.

ERICH KÄSTNER: *Die Entwicklung der Menschheit* (1931) in »Sämtliche Werke« Bd. 1, hrsg. v. Harald Hartung, München (Hanser Verlag) 1998. Aus: »Gesang zwischen den Stühlen« © Atrium Verlag, Zürich, und Thomas Kästner.

WILHELM BUSCH: *Fipps der Affe* (1879) in »Gesamtausgabe« in vier Bdn., Bd. III, hrsg. v. Friedrich Bohne, Wiesbaden (Vollmer Verlag) 1959.

EDGAR ALLAN POE: *Er kam über den Blitzableiter* (Titel von der Herausgeberin) aus »Der Doppelmord in der Rue Morgue« (1845) in »Erzählungen in zwei Bänden. Bd. 1«, mit Zeichnungen von Alfred Kubin, München (Nymphenburger Verlag) 1965.

ROBERT MUSIL: *Die Affeninsel* in »Prosa, Dramen, Späte Briefe«, Gesammelte Werke in Einzelausgaben, Bd. 7, hrsg. v. Adolf Frisé, Reinbek (Rowohlt Verlag) 1957. © 1978 Rowohlt Verlag GmbH, Reinbek

Die Geschichte von der Prinzessin und dem Affen in »Die Erzählungen aus den Tausendundein Nächten«, Bd. III/1, Frankfurt/Main (Insel Verlag) 1976.

VOLTAIRE: *Candide trifft zwei Mädchen und ihre Liebhaber* (Titel von der Herausgeberin) aus »Candide oder der Optimismus« (1759), Leipzig (Reclam Verlag) 1981; deutsch von Stephan Hermlin.

PETER GOLDSWORTHY: *Mein Abenteuer mit Wunsch* (Titel von der Herausgeberin) aus dem Roman »Wunsch und ich«, Berlin (Verlag Volk & Welt) 1997; deutsch von Margitt Lehbert. © 1997 Verlag Volk & Welt, Berlin

PETER HØEG: *Kribbler und Kribblerin* (Titel von der Herausgeberin) aus dem Roman »Die Frau und der Affe«, München (Hanser Verlag) 1997; deutsch von Monika Wesemann. © 1997 Carl Hanser Verlag, München

GUSTAVE FLAUBERT: *Djalioh* (Titel von der Herausgeberin) aus »Quidquid Volueris« (1837) in »Jugendwerke. Erste Erzählungen«, Zürich (Diogenes Verlag) 1980; deutsch von Traugott König.

ERICH MÜHSAM: *Die Affenschande* (gekürzt) aus »Ausgewählte Werke. Bd. 1: Gedichte, Prosa, Stücke. 2. Teil: Prosa«, Berlin (Verlag Volk & Welt) 1978.

ELIAS CANETTI: *Der Gelehrte und der Gorilla* (Titel von der Herausgeberin) aus dem Roman »Die Blendung« (1936), Frankfurt/Main (Fischer Verlag) 1996. © 1992 Carl Hanser Verlag, München

JULES VERNE: *Ngora, ngora!* (Titel von der Herausgeberin) aus dem Roman »Das Dorf in den Lüften«, Berlin (Pawlak Taschenbuch Verlag) 1984.

PETER DICKINSON: *Der Affe als Detektiv* (Titel von der Herausgeberin) aus dem Roman »Das Giftorakel«, Zürich (Diogenes Verlag) 1987; deutsch von Christa Hotz. © 1987 Diogenes Verlag AG, Zürich

LEOPOLD VON SACHER-MASOCH: *Der Liebesbeweis* (Titel von der Herausgeberin) aus der Erzählung »Diderot in Petersburg«, hrsg. von Dieter Bandhauer, Wien (Sonderzahl Verlag) 1987.

WILHELM HAUFF: *Die gute Gesellschaft von Grünwiesel* (Titel von der Herausgeberin) aus »Der Affe als Mensch« in »Märchen« (1825–28), mit Zeichnungen von Alfred Kubin, München (Nymphenburger Verlag) 1967.

E. T. A. HOFFMANN: *Schreiben Milos, eines gebildeten Affen, an seine Freundin Pipi in Nordamerika* in »Gesammelte Werke in Einzelausgaben I: Fantasiestücke in Callots Manier« (1814), Berlin (Aufbau Verlag) 1976.

FRANZ KAFKA: *Ein Bericht für eine Akademie* (1917) in »Ein Land-arzt«, hrsg. von Klaus Wagenbach, Berlin (Verlag Klaus Wa-genbach) 1999.

HUGO LOETSCHER: *Der Affe in der Rakete* in »Die Fliege und die Suppe und 33 andere Tiere in 33 anderen Situationen«, Zürich (Diogenes Verlag) 1989. © 1989 Diogenes Verlag AG, Zürich

Bildnachweis

Lesen Sie weiter!

ITALO CALVINO
Der verzauberte Garten
Die schönsten Erzählungen

Eine Auswahl der schönsten Geschichten:
Wer die verzaubernde Erzählwelt Calvinos kennenlernen
(oder jemanden mit ihr bekanntmachen) möchte –
hier ist sein Buch!
»So phantastisch, märchenhaft, abenteuerlich bei Calvino
auch erzählt wird, so doch immer auf mediterrane Weise
hell, durchsichtig, listig, doppelbödig.«
Ulrich Greiner, Die Zeit

Ausgewählt von Klaus Wagenbach
SVLTO. Rotes Leinen. 128 Seiten

ANTONIO TABUCCHI
Die Frau von Porto Pim
Geschichten von Liebe und Abenteuer

Neun Geschichten, die nicht nur von den Abenteuern der
Liebe erzählen, sondern auch von den Abenteuern des
Raums, der Sprache und der Zeit. Und: das schlingernde
Flügelwesen auf dem Birnbaum.

Aus dem Italienischen von Karin Fleischanderl
SVLTO. Rotes Leinen. 80 Seiten

ITALO SVEVO
Der alte Herr und das schöne Mädchen

Ein älterer feiner Herr verliebt sich in eine junge Straßen-
bahnschaffnerin und muß nun glauben, daß seine einzige bisher unerfüllt gebliebene Leidenschaft das Straßenbahnfah-
ren ist. Die letzte und schönste Erzählung Svevos.

Herausgegeben von Margit Knapp
Aus dem Italienischen von Barbara Kleiner
Mit einem ›Autobiographischen Profil‹, Photos,
Lebensdaten und einer editorischen Notiz
SVLTO. Rotes Leinen. 112 Seiten

MIGUEL DELIBES
Der Verrückte

Der neue Roman von einem der
meistgelesenen spanischen Autoren
ist eine literarische Kriminalgeschichte.
»Meisterhaft geschrieben, von einem Klassiker
unseres Jahrhunderts!« J. A. Aguado, ABC
Aus dem Spanischen von Fritz Rudolf Fries
SVLTO. Rotes Leinen. 96 Seiten

Unmögliche Interviews

Erhellende und erheiternde Interviews: Italienische Schriftsteller nehmen Personen unter die Lupe, mit denen sie
schon immer einmal reden wollten – den Neandertaler, Py-
thagoras, Sigmund Freud, Ludwig II. von Bayern u. a.
SVLTO. Rotes Leinen. 96 Seiten

So war es! War es so?
Neue unmögliche Interviews

Heutige italienische Schriftsteller interviewen
Personen der Geschichte und verraten dabei ebenso
etwas von ihren Obsessionen wie – um so freimütiger,
da tot – die Befragten.
Aus dem Italienischen von Marianne Schneider
SVLTO. Rotes Leinen. 96 Seiten

JORGE LUIS BORGES
Lotterie in Babylon

Die schönsten Erzählungen des Doyens der lateinamerikani-
schen Literatur. Geschichten über abenteuerliche Gestalten
und unerhörte Ereignisse, an deren Ende es dem Leser er-
geht wie ihren Figuren – sie träumen ihr Leben als etwas
schon Gelebtes und wachen verwandelt auf.
Ausgewählt von Fritz Arnold
SVLTO. Rotes Leinen. 160 Seiten

Wie der Hund und der Mensch Freunde wurden
Italienische Kindergeschichten
Ausgewählt von Klaus Wagenbach
Illustriert von Axel Scheffler
Die schönsten Kindergeschichten heutiger italienischer
Autoren, neu aufgefunden, neu übersetzt.
SALTO. Rotes Leinen. 96 Seiten

JAVIER TOMEO
Der Marquis schreibt einen unerhörten Brief
Die Neuausgabe eines der heitersten und exzentrischsten
Werke der spanischen Gegenwartsliteratur.
Mit Zeichnungen des Autors.
Aus dem Spanischen von Elke Wehr
SALTO. Rotes Leinen. 104 Seiten

JAVIER TOMEO
Mütter und Söhne
Roman über Monster
Juan D. wagt nach dreißig Jahren in der
mütterlichen Wohnung den ersten rebellischen Akt
gegen seine Mutter und bewirbt sich um die Anstellung in
einer Bank. Zwei Söhne unterhalten sich über Leben, Beruf
und ungeklärte Morde – im Hintergrund räuspern sich
die allgegenwärtigen Mütter.
Aus dem Spanischen von Elke Wehr
SALTO. Rotes Leinen. 128 Seiten

Wenn Sie mehr über den Verlag und seine Bücher wissen
möchten, schreiben Sie uns eine Postkarte.
Wir schicken Ihnen gern die ZWIEBEL, unseren Westentaschen-
almanach mit Lesetexten aus unseren Büchern, Photos und
Nachrichten aus dem Verlagskontor.
Kostenlos, auf Lebenszeit!
Verlag Klaus Wagenbach, Emser Straße 40/41, 10719 Berlin

Affenmensch und Menschenaff
erschien 1999 als 85. S∇LTO

Die Rechte liegen bei den im Quellenverzeichnis genannten
Autoren und Verlagen.

© 1999 Verlag Klaus Wagenbach, Emser Straße 40/41, 10719 Berlin
Einbandgestaltung Groothuis & Consorten, Hamburg,
unter Verwendung des Gemäldes *Selbstbildnis mit Affen* von
Frida Kahlo, 1943 (Sammlung Gehnan, Mexiko, Foto: Rafael Domiz).
Gesetzt aus der Korpus Kennerly Old Style
von der Offizin Götz Gorissen, Berlin.
Gedruckt auf chlor- und säurefreiem Papier
und gebunden durch Clausen & Bosse, Leck.
Leinen von Herzog, Beimerstätten.
Printed in Germany. Alle Rechte vorbehalten.
S∇LTO ist patentgeschützt.
ISBN 3 8031 1184 6